# 淨土直說

靈源老和尚 著

# 〔導言〕為二十世紀禪佛教的淨土做見證

靈源老和尚是令我敬仰又陌生的禪師，之所以敬仰，在於禪師年輕時，是由虛雲老和尚親自剃度出家，除了住持過禪宗六祖祖庭南華寺之外，也是鼓山湧泉寺臨濟法脈的傳承法子，更是帶領家師聖嚴師父進入禪門的老師，由於靈源老和尚傳法予聖嚴師父，法鼓宗的臨濟法脈，才能向上接通至虛雲老和尚。但為何陌生呢？那是禪宗燈錄才有的師徒傳燈模式，由於宿世的善根，即使是在戰亂時代中，當時還是軍人身分的聖嚴師父，雖然與靈源老和尚僅是一宿之緣，在老和尚機鋒引誘的擊床大喝之下，聖嚴師父當下就自見本來面目；然而卻是在修行保任二十年後，才再度拜訪靈源老和尚，得到認可並承接臨濟法脈，這只有慧根出塵不由它悟的善知識，才能熟悉其中的奧妙，後知不敏所以陌生。

印象中，靈源老和尚的禪師風貌，若依《虛雲和尚法彙》與《法鼓全集》呈現的敘述，都是以參禪為修行法門，但是看過本書就會訝異地發現，靈源老和尚修行的得力，竟然是觀想念佛，讀者自可拜讀〈我對淨土法門的觀想修學〉一文，得知老和尚禪淨不二、即心即佛的修證；而且先前就是因為老和尚隱居於香港寶蓮禪寺，出版實修淨土的《山居雜語》一書，得到護法居士的崇敬讚賞，進而將老和尚接駕至臺灣弘法，才展開這段法輪東轉的因緣。

不過，靈源老和尚的著作卻不易收集，舉個例子來說，在二〇〇七年時，遍尋臺灣各地圖書館，只有國家圖書館典藏一本《山居雜語》，那封面是由岑學呂居士書法題字，辛卯年（一九五一年）香港寶蓮禪寺所出版，但當書借到手之時，卻發現將近一甲子的歲月裡，只有我一人登錄借閱過，也就是說在此之前，全臺灣沒有人看過這本書。到了二〇〇八年時，正逢靈源老和尚圓寂二十週年之際，本想將老和尚全部的著作，編輯出版全集，可是老和尚引述的思想高深，個人文字編輯與數位化能力又不足，隨後在業障病中又拖了四年。慶幸的是二〇一二年時有了希望，經由法鼓文化的全力支持，編輯部接下主持校稿的重任，終於有了面世的因緣，現在能夠為現代人提供心靈明燈，出版靈源師公的法寶，心中有著無比的欣慰。

為了讓後人明瞭靈源老和尚的著作與修行重點，《淨土直說》編輯的內容，是依老和尚著作先後次第，完整地集中收錄老和尚對淨土法門的開示，共涵括了三本書的內容，分別是早期失傳的《山居雜語》、中期的《淨業綱要》，與晚期《靈源夢話集》所增補的七段文章。如果仔細研讀本書的話，會看到靈源老和尚引用經論的範圍，已經不只是禪、淨兩宗思想而已，也包括天台、華嚴、密宗等，等於是以整體的禪佛教為視野，來說明淨土法門深廣的涵攝，真像是聖嚴師父所做的努力，融合漢傳佛教清淨的智慧，共鑄於淨土法門。

語末，也許是巧合，近三年來法鼓文化出版了三本書，是重編曹洞系的師公東初老人的著作，書名分別為《禪學真義》、《菩薩真義》、《佛法真義》，現在再為臨濟系師公靈源老和尚，出版的這本《淨土直說》當中，也有一篇頗具分量的〈淨土真義〉，真是法鼓宗的法源法寶出世，為二十世紀禪佛教的淨土法門做見證。

二〇一三年十月十四日

釋果興於法鼓山香港道場

# 湯瑛序

五濁惡世，眾生業重，戰氛瀰漫，人心惶惶；丁此時期，非將佛法弘揚，實無別法可使博地凡夫，三業清淨，人海凝祥，得根本利樂也。靈源法師，寄隱昂平，有見及此，乃搦管為文，成《山居雜語》一卷，都萬餘言，設為問答，剖晰精審，雖著墨無多，而於蓮宗心佛不二真諦，暨持名念佛法門，觀想念佛法門，均能提要鉤玄，令讀者有探驪得珠之妙。至其因機逗教，文詞暢達，尤為餘事。

法師浙籍，虛雲老人徒孫也，秉性純厚，自律綦嚴，心廣體胖，大似布袋和尚，殆古佛再來者耶？余朝山甫至，師囑為序，辭不獲已，胡謅數言，佛頭著糞，知大有人笑我在。

時　佛曆二四九四年（一九五一年）辛卯秋節五日

寬筠湯瑛敬序

（原收錄於《山居雜語》）

# 自序一

世間上一切科學之進步，都是後後勝於前前，愈出愈能。惟出世間之佛學，亙古亙今永遠如是。縱後學之腦筋，竭心力分別去研究。浩浩長文，總不外乎心性二字。若究其所得所證，尚不及古人之萬一；不過多幾處分別名詞，解釋名相，如瞎子摸大象，在片面上的發揮，宏淨而棄宗，宏宗而棄淨，加入個人之偏見，如水入乳，愈加愈淡，幾無乳味。禪淨不二之真相，晦而不明。源今略伸管見，冒昧雜談。前承王居士請印，本不敢唐突付梓，昨得湯瑛老居士來，源將所作，陳請修改。而湯老反擊案稱善云：「若有差錯，我願負責。」並作序印可。源想湯老是《圓音》主編，數十年之老佛學家，見理之高，必無訛語。是以大膽付印。倘有未合處，尚請高人大德，慈悲指示源當懺悔。

（原收錄於《山居雜語》）

# 自序二

淨土法門，是如來一代時教之總歸結，確屬三根普被。況極樂國中，多為一生補處之不退菩薩。華嚴會上，菩薩如雲如雨，最終一會，普皆迴向淨土。善財童子五十三參畢，普賢菩薩導歸極樂，以《華嚴經．入法界品》為全部《華嚴》之終結。故知淨土因緣，確為無上甚深微妙。末法時候，人心愈趣愈險，社會愈治愈亂，若不提倡佛法，則浩劫臨頭，更無救治。除淨土法門外，實無別法可使博地凡夫三業清淨，減輕劫難，得根本利樂也。念佛一法，提倡已久，人人皆知，但凡夫著有，重事偏多，會理較少。源作此書，重在會事歸理，禪淨雙熏，然理雖空談，不可不明。理不礙事，還從有相上做起。故知解上說理，工夫上歸事。願大家一心念佛，挽回劫運，赤氛早清，人民安樂，是為序。

作〈念佛偈〉以勸人，偈曰：

恆思人生苦惱，常念阿彌陀佛。
念佛不礙工作，事忙心中憶佛。
無事誦經禮拜，切忌多說閒話。
因得心中清淨，果感極樂世界。
若仍懈惰不信，轉眼無常要命。
不言自己不修，還說造化已定。
如此愚人可笑，不知佛門上乘。
今請看看此書，法身人人可證。

中華民國四十六年（一九五七年）端節
靈源寫於基隆十方大覺禪寺
（原收錄於《淨業綱要》）

# 目錄


003 〔導言〕為二十世紀禪佛教的淨土做見證　釋果興
006 湯瑛序
007 自序一
008 自序二

## 卷一 山居雜語

017 佛教的目標及主義
017 一、為響應中華文化復興運動略談佛教的救世主義
021 二、佛教是三無主義
022 三、佛教是三唯主義
024 四、總論：佛教不外三種主義
027 念佛求生淨土直說

一、淨土直說 027
二、諸宗方便 037
三、往生西方的一個譬喻 047
淨土真義 049
一、淨穢二土之本體 049
二、淨土之應機 050
三、淨土之方向 051
四、淨土之修證 056
五、淨土以念佛為正因 060
六、禪與淨是最易最快成佛之法 062
淨土法門普被三根論 064
《般若波羅蜜多心經》結義 067
《金剛經》要義 069
學佛問答 074

075 一、答《地藏經》疑問
076 二、答《金剛經》疑問
082 記來果老和尚開示
082 一、悟是沒有悟
085 二、真如與妄想分別


## 卷二　淨業綱要

091 從毛病的起源談到治病的方法要念阿彌陀佛
096 略談念佛與淨土
098 一、為什麼要念佛呢？
104 二、信滿成佛
107 三、淨土漫談
111 淨土三學與三資糧
111 一、淨土三學
114 二、淨土三資糧

如何念佛決定得念佛三昧 120
一、釋佛字知學佛的原理 120
二、說念佛知學佛之方針 123
三、總結理事念佛 129
念佛讚偈釋義 131
一、偈前須知 131
二、正釋偈讚 134
具足信願行決定上品上生淨土論 141
我對淨土法門的觀想修學 151
一、學修淨土先發大菩提心 152
二、修學之地點及作意之相狀 154
三、一行三昧修持法 155
四、我對於彌陀淨土之修學 156
五、淨土即是禪淨不二 157
佛七開示 158

# 卷一

# 山居雜語

# 佛教的目標及主義

## 一、為響應中華文化復興運動略談佛教的救世主義

文化的「文」字，是含有道德性的。若無道德性的文化，是屬於學問智識方面，是對治愚癡的。道德是屬於良心理性方面，是對治野蠻的。有些人學問智識很高，而喪失良心，埋沒理性，這是大奸大惡、惑人騙人的賊子，如古時的奸臣。這是惡化，不是文化。文化一定要兼道德；若惟言文化，不講道德，雖文明亦是野蠻，是要不得的。故提倡文化，要處處為利益眾生，為人群造福。這是我國自古留傳的文化，永遠不會磨滅的。

中國在全世界上，為最古老的國家，具足道德文化，已經有三千多年的歷史。堯舜、禹湯、文武、周公、孔子等，歷代聖賢輩出，提倡仁義道德，五常五倫四維八德等不可磨滅的儒教。雖無佛教的深入真性，究竟極談。所說已迫近於佛理，故中國人民，易於接受佛法。自佛法傳到中國，歷代高僧輩出，壓倒許多通儒碩士，

故從儒入佛者，不可勝數。現在中國的佛法反遠超過於原始佛教的印度。因為用三教配合起來，以儒治國，以道治身，以佛治心。而發揚的言論妙理，更深入社會，合乎人情，家家彌陀佛，戶戶觀世音，家喻戶曉也。但人情以求福為基礎，故孔老皆不敢違天。今日西洋的耶穌基督，亦以事天為主，不敢違天。世法如是，豈知佛超三界外，天不敢違佛耶？

**問**：天上的人，福壽都長，神通自在，快樂非常，佛不叫人生天，享受天福，其目的何在耶？

**答**：佛為究竟世間上一切事之與理，窮竭眾生生死之底源，要我們返本歸源，個個明心見性，都成能造之主人翁，不作所造之動物，究竟脫苦為目的，而出現於世間。不同外教不識眾生與世界成就之本因，妄委之天主上帝。不了自心，迷自本性，妄想生天，不知天道在六道輪迴之一。故除佛教之外，都含有迷信。何耶？每一個世界都有天；世尊所見有無量無邊的世界，就有無量無邊的諸天上帝。就是有無量無邊的太陽系，無量無邊的日月，無量無邊的地球。佛有天眼，盡虛空遍法界的所有，無所不見。佛的目標太遠了，外教夠不上，科學的目光所發現不到的，惟佛是現量所見，瞭如指掌。佛的弟子阿那律尊者，見三千大千世界（即百億日系）猶如掌果。佛則窮盡法界，無量無邊的太陽系，都如掌果，外教的知識，與佛比較，相差太遠，故但知有天道之享福，不知有十方淨土，西方極樂世界。但知上帝為能造，不知吾人自心皆為能造也。總之，佛陀目光的遠大，其所見所知，盡大海水為墨，須彌山為筆，寫不窮盡的，我今略提其綱要，詳須閱讀佛教藏經也。

**問**：目標既明，未知佛教是何主義耶？

**答**：佛教是救世主義。《法華經》云：「諸佛世尊唯以一大事因緣故出現於世。」即已說明。與國父的救國主義，出發點是相同的。救國主義分為民族主義、民權主義、民生主義。佛教的救世主義，是不分國界的，也可分為平等主義、博愛主義、自由主義。若深究其內容，又可分為三無主義與三唯主義。三無，是屬於破的一方面，三唯，是屬於顯的一方面，當於文中分別詳述之。而總目標，則為救世主義。但佛教救世主義，大勝各種外教。蓋世者即是世界；世界二字分別解釋，世屬遷流，界屬方位。世有過去、現在、未來三世。從古至今，成住壞空，遷流不停的。界者，此國土、他國土，人畜蟲蟻，各有界限，各有方位，強勝弱敗，爭奪無已的。總此遷流不停，爭奪無已的，謂之世界，謂之國土。世界上的眾生，無一個不是苦的。外教之救世，但知有人類之苦，不知有畜類之苦，更不知蠢動含靈之苦。但知人類平等，不知一切動物都是平等，故其範圍甚小。佛教則不殺生、不偷盜、不邪淫，五戒十善，蠢動含靈皆有佛性，是大平等主義。經云：「一切男子是我父，一切女人是我母。」六道眾生，都是我們無始以來的父母。都要相親相愛，是大博愛主義。為善為惡皆由自心，四聖六凡皆由我修。人人皆有主權，人人都是能造，非是所造，是大自由主義。列表如下：

佛教是救世主義
- 大平等主義：人人皆可作佛，心佛眾生三無差別。
- 大博愛主義：一切男子是我父，一切女人是我母。
- 大自由主義：天堂地獄，都由自己所造。

## 二、佛教是三無主義

又外教所創特重神權，以神為能造。如基督教說：「人的靈是從主帝那裡來的。」又云：「人的缺陷罪惡，是無法補救的，惟有依賴神而得超脫。」這樣的宗教，是幻想的，他力的。無論一神教、多神教，都是媚神求救，以神為主，永遠做神的奴隸。佛教云：「萬法唯心，三界唯識。」一切有情，都由思想行為而決定升降。即憑他自己的思想與行為，契合一切法的因果律，淨化自己，圓成自己。所以皈依法，即以因果事理的真相為皈依。皈依佛與僧，即皈依契合真理的人，而完成自己的覺道，並非依賴外在的神。故佛法是自力的，從自己的信仰行為中，達到人生的圓成。故佛教否定外在的神力，重視自力的淨化。天堂地獄都是我自己造的，神何能為？故佛教屬於無神教，是無神主義。又世界戰爭都因各人的知見不同，主義千差，各執我見。佛經云：「無我相、無人相、無眾生相、無壽者相。」這是真博愛、真平等，故佛教是無我主義。又我即是五蘊色身，無我即是無色受想行識之我。無色，則六塵不起；無受想行，則六根不緣；無識，則八識不生。根塵不偶，則世間一切所有物象俱空，故佛教是無物主義。因為有物，決定有心，有心即是有我，有我相即有人相。人我是非，四相蠡起，世界亂矣。故佛教是三無主義。列表如下：

佛教是三無主義
- 無神主義：我為能造，與神平等。
- 無我主義：四相俱空，真正博愛。
- 無物主義：五蘊皆空，得真自由，是大解脫。

## 三、佛教是三唯主義

**問**：你說無物，而吾人明明見有山河大地，森羅萬象何？

**答**：此皆是分別妄想，唯識所現。前云：「萬法唯心，三界唯識。」眾生都依識神為命，故實見其有。若能轉識成智，則萬法俱空。經云：「心生種種法生，心滅種種法滅。」心即識也。又云：「若人識得心，大地無寸土。」故吾人所見者，一切是唯識所現。故佛教是唯識主義。

**問：**既一切所有，皆是唯識所現，人我本空，而吾人之富貴貧賤，窮通壽夭，實見其有，避之不得者何耶？

**答：**此皆是唯業所成。「業」，即身口意三業，通於善惡。三業清淨，必生淨土，謂之聖賢。造善業，生三善道。造惡業，生三惡道。故吾人之富貴貧賤、窮通壽夭，皆由自己過去三業造成。由惑業而生我身，由有我身，即不能平等、博愛、自由。是知今生享受，都由自業造成，故佛教是唯業主義。

**問：**貧富壽夭，都由定業，姓張姓李，牛胎馬腹，都由閻君主使，云何無神？

**答：**粗看是閻君主使，或上帝安排，細推實由因緣。怨親債主，緣至必報。古德聯云：「夫妻是緣，有善緣，有惡緣，怨怨相報。父子是債，有討債，有還債，無債不來。」故非緣聯姻，決不相偶。無債不為父子，無緣不成夫妻。雖有鬼神主於其間，緣由自造，故佛教又立唯緣主義。

識、業、緣，三者，是生死的根本，成就世間。列表於下：

佛教是三唯主義
- 唯識主義：世間所有一切物象，皆是唯識所現。
- 唯業主義：天堂地獄，娑婆淨土，皆是唯業所成。
- 唯緣主義：父母妻子，張王李趙，皆是唯緣所牽。

## 四、總論：佛教不外三種主義

觀此總論，自前推後，以前（救世）為果，即如來出生之目的。以後（三無、三唯）為因，即成就目的之理由。如云：佛出世以救世為目的，世由何而救呢？由於三無。云何能無？由於三唯。因三唯而知三無，由三無造成救世主義。救世主義有三：

（一）救世要平等。如何是不平等呢？因為妄信神權，不知人人都是能造。既無神作主，云何成就父母妻子怨親眷屬呢？皆由前世自造之業緣也。偈云，萬法從緣生，亦復從緣滅，因緣都滅盡，由是入涅槃。

（二）救世要博愛。云何不能博愛呢？以有我相故。無我則博愛。我自何成呢？

即是身口意能造善惡的三業。反之，三業清淨，則不著我相；不著我相，則能博愛。

（三）救世要自由。云何不能自由呢？為環境所轉，為物質所牽故。若內亡身心，外亡器界，無一物當情，則不為境轉。所謂「心本無生因境有」，故境空則心空，心空及第，即入無生法忍。故欲得真自由、真解脫，當立無物主義。孔子云：「致知在格物。」一格除物欲，得大解脫也。物從何而生耶？皆是唯識所現。

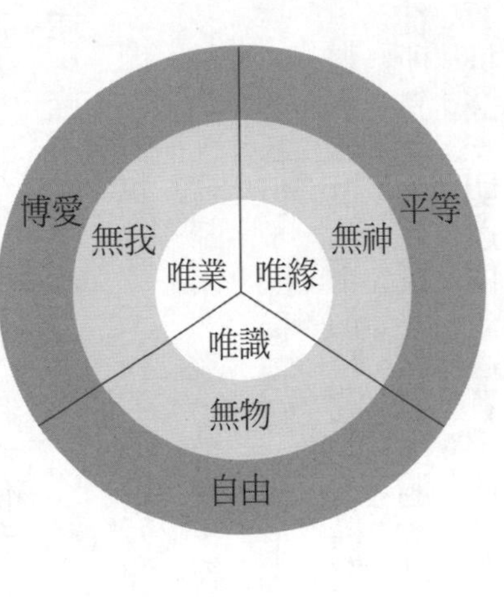


上來佛教救世主義既明，復興文化，佛經不可不讀。中國文化鼎盛於唐宋時代，亦佛教深入於人心時代也。若讀佛經，則知外教救世，未達真平等、真博愛、真自由的目標，未明不平等、不博愛、不自由的原理。但知一世界、一上帝，範圍甚狹，未出六道輪迴。故與佛教相比，如螢火之比日月，相差太遠。希博學之士，毋拘教規，先讀此篇，再讀佛經，以明真理為宗，不妨多學多聞。知其究竟，而出迷途，庶不負為人一番。

總上所說許多主義，都是方便而言，所謂「方便有多門，歸元無二路」、「粗言及細語，皆歸第一義」是也。若約諦實而言，得其一萬事畢，佛教只有一個救世主義，能救世，即是菩薩。眾生度盡，方證菩提，地獄未空，誓不成佛。所發大願，豎窮三世，不拘時間的。橫遍十方，不拘空間的。此最積極的救世大願，惟佛教徒所獨有。實踐此豎窮橫遍救世大願的人，即是佛陀。佛者覺也，覺則不迷，即是要推翻一切迷信。迷者，迷於業緣，迷於神我，迷於分別妄想，迷於聲色貨利，迷於世間上的一切貪欲，所以不能明心見性。見性即覺，覺即是佛，佛字即是求學之目的，即是救世的主義。故吾人學佛，必須念佛。念佛即是念覺。一念佛，一念覺，念念佛，念念覺。覺到與佛平等，佛之一字，吾不喜聞，還說什麼主義耶？

若自料根鈍，必不能覺，且放下身心來，靜念南無阿彌陀佛！南無阿彌陀佛！南無阿彌陀佛！

# 念佛求生淨土直說

夫念佛者，當知佛即是心，未審心是何物？需要尋者一念佛心，從何處起？復要看破者看底人，究竟是誰？要者裡有個明白處。其或未然，亦不用別求玄妙，又不可厭喧求靜，但將平日所學一切知見掃蕩乾淨，單單提起一句阿彌陀佛。南無阿彌陀佛，念佛底是誰？參底又是誰？要默默體究，常在胸中，不可間斷。逢靜時如此，逢鬧時也如此，憑他靜鬧變遷，我這個念頭無有移易，如是方無間斷之善念也。日久堅持此念不退，至於用力之久，而一旦豁然大悟，始知念佛求生淨土不謬也。

## 一、淨土直說

古人禪淨不分，弘揚淨土祖師，都自禪宗悟後方便接引。今人將他分為兩橛，弄得互相謗毀，角虎盡矣，愈趨愈末，叫作末法。當知禪宗傳如來正法眼藏，現今的僧伽都是禪宗的子孫，即淨宗初祖遠公大師乃至十三祖印光大師，無一人不是禪宗的後裔。修淨而毀禪，忘自根本，毀滅正法，果招無間，決定不會往生淨土矣。然則當如何修行耶？自慚根鈍，無學禪之根基，一心念佛，行淨土行。況念佛即是參禪，《勝天王般若波羅蜜經》云：「專心一念，不緣異境，是禪波羅蜜。」一旦豁然大悟，即是臨命終時。有生死的謂之命，無生死的謂之性。命依無明，惑業而有。生死念盡，無明即破，慧光照耀，法身體立，當下即是淨土。不待身死氣絕，方生淨土也。

**問**：《阿彌陀經》乃佛無問自說，舍利弗目犍連等諸大弟子為當機；何故彼等不發願求生淨土耶？

**答**：彼等當已生過淨土回來矣。何以呢？經中佛問，彼佛何故號阿彌陀？舍利弗等皆無開口處，但自迴光返照，以己之心地光明，接著佛之無量光明。正當即心即佛，因光與果光互融之時。世尊心中贊羨云，好啊！你們倒乖巧，以無言說之光明作答，一落言句則不算大智舍利弗矣。蓋因上不落言句，而果上不妨頭頭是道，故世尊替舍利弗而言之曰，彼佛光明無量，照十方國，無所障礙，故號阿彌陀。蓋舍利弗當時即已優遊於極樂世界矣。佛所說的即是舍利弗所證的。

如善財五十三參，都是如說而證，故豁然大悟時，即是生淨土時。此時千二百五十大阿羅漢都已如所說而證，從極樂回入娑婆矣。故云生則實在生，去則實不去。蓋佛性不離此方，不離彼方，超過空間，故無彼此，超過時間，故無去來。《金剛經》云：「如來者無所從來，亦無所去，故名如來。」故有西方可生者都是未見性之人。《華嚴經》所謂：「隨於自心之所欲樂，普見三世諸如來故。」《摩訶止觀》云：「見佛相好，如照水鏡，自見其形，初見一佛，次見十方佛，不用神通往見佛，唯住此處見諸佛，聞佛說法，得如實義。」《止觀輔行傳弘決》云：「薩陀波崙空中見佛，後見曇無竭，乃問言：佛從何所來？答言，不來不去即是佛。無生法即是佛。是故當知覺無生智，即是於佛。」若夫未悟之凡夫，則非借九品蓮台經過不可。生則決定要生，去則決定要去。事理隔礙，不同聖人心包太虛，量周沙界，事理圓融，一切無礙之可比。

總而言之，大悟之時，親證法身，此身與十方諸佛同體，願見彌陀，此身即現彌陀，願見阿閦此身即現阿閦，十方一切諸佛皆隨願而見，能見正報之彌陀，亦見依報之極樂。即身成佛，即身往生。故真實發心用功，要照這篇〈念佛求生淨土直說〉去下手，禪淨雙熏，一生成辦，才算靠得住，拿得穩。若因因循循，待於身死之後，則渺乎其茫也。

**問**：文殊菩薩是千佛之師，阿彌陀佛的老先生，亦發願往生極樂者何耶？豈先生亦要親近學生乎？

**答**：文殊菩薩是阿彌陀佛之師，亦生極樂者，蓋一佛出世，千佛護持，無生無不生，方便說生極樂亦可，生娑婆亦可。蓋不發願生極樂，不能究竟菩提；不發願生娑婆，亦不能究竟菩提也，故阿難尊者五濁惡世誓先入。寒山拾得是文殊普賢化身，圓通和尚是觀音化身，釋迦出世諸聖亦發願來生娑婆，一來一往都是為度眾生之方便，實則如如不動。故四十二位法身大士，都是生則實在生，去則實不去。當生極樂時，亦即是回入娑婆時，十方世界都在菩薩一毛孔中。古德云：「一處不到一處迷。」故菩薩於十方世界無論淨穢，都發願往生。

若夫我輩凡夫，當先執定一方，然後再到他方，蓋未得忍以前，都在有為事相中，口口談空，心心著有，凡夫之通病，與其著娑婆之有，不如著西方之有。倘得阿難尊者之不歷僧祇獲法身，及千二百大阿羅漢之妙用，亦當發大悲心，先入五濁救度眾生，故我們凡夫生淨土是最穩當事，不可將阿羅漢作比也。往生淨土最早的理論是善導《四帖疏》，強調淨土法門是為博地凡夫說的。（後來《四帖疏》傳入日本，親鸞根據這一理論，創立日本淨土宗）。

**問：**普賢菩薩云：「願我臨欲命終時，盡除一切諸障礙，面見彼佛阿彌陀，即得往生安樂剎。」菩薩何不亦同舍利弗等如說而證，而發此身後之虛願耶？況普賢是十方諸佛的長子，何以不親近十方諸佛，獨親近西方之彌陀乎？

**答：**普賢菩薩是文殊菩薩的同參，破無明，證法身，成佛久矣，哪裡還有一切諸障礙。一切障礙不出見思塵沙無明（見惑、思惑、塵沙惑、無明惑），都是學地中事業。果後行因的大菩薩當然沒有這些。既沒有這些，當然無有障礙。不須待臨命終時才往生，隨願即生，隨願即回，法身本無來去，不過為方便接引凡夫起見，無生示生，說此一偈。

又菩薩即以此色身往遊他方世界，承事諸佛亦是常事，經中恆有。聲聞亦能，況菩薩乎？但聲聞須承佛力。如目連尊者，欲明佛聲所至近遠，去至西方九十九恆沙佛土，名光明幡世界，佛號光明王。彼佛身長四十里，菩薩身長二十里，菩薩食缽高一里，目連於彼缽緣上行。彼菩薩白佛，此是何蟲，著沙門服，在缽上行？佛言，莫輕此賢，此賢名大目連，釋迦第一神足弟子云云。既此色身能行至九十九恆沙佛土之光明幡，必亦能行至十萬億佛土之極樂國。能見光明王佛，亦能見阿彌陀佛。羅漢能即身往他方世界，見他方佛，況大菩薩耶？又普賢一毛孔中示現法界，則極樂尚在菩薩一毛孔中，何須待臨命終身死之時才往生耶？活潑潑的法門，不能將凡夫知見執著不化。

**問**：羅漢有入胎之迷，菩薩有隔陰之昏，所以最好發願往生西方。云何去則實不去，仍在娑婆耶？

**答**：佛經上並無此語，皆是淨宗導師的一番苦心，權巧引誘眾生，厭離娑婆，欣生極樂的話，不惜眉毛過分地拖地。羅漢視三界如牢獄，生死如怨家，決不肯再入胞胎。至於初二三果雖有入胎，如窺基大師，一迷即醒，決無墮落之理。

大乘菩薩，按圓頓教理，從初發菩提心，至圓滿果覺，共歷五十三位菩提路。所謂發心一位，十信十位，十住十位，十行十位，十迴向十位，十地十位，等覺一位，妙覺一位。十信滿心登初住，親證法身，分身百界成道作佛。所以五十三位之中，除前十一位，雖名菩薩，未入菩薩正位。登初住以後四十二位，都是法身大士，能分百身、千身、萬身，乃至千百億身，往百世界、千世界、萬世界，乃至千百億世界，分身作佛，更談不上隔陰之昏的話。

所以我們應當知道，入胎要迷，隔陰要昏，都是未開大悟，未證真如，未入菩薩正位的權教菩薩。至於信位滿心的菩薩，即有不可思議的神通妙用，超過帝釋諸天無量億倍。參閱《華嚴經·賢首品》，即可知道。

又去則實不去者，蓋真如本體周遍法界，本無來去死生。《華嚴經·十迴向品》有一百多個譬如，略錄幾個如下：

譬如真如，恆守本性，無有改變。

譬如真如，若有得者，終無退轉。

譬如真如，不可破壞，於法無礙，不可動搖。

譬如真如，性無垢濁，體性無生，無所不在。

譬如真如，盡未來際，遍住三世。無能制伏，無有斷絕，捨離諸漏。

乃至譬如真如，成就一切諸佛菩薩，究竟清淨，不與一切諸煩惱俱。

蓋真如即是本來面目，又名法身，又名佛性。真則不假，如則不動，超出輪迴，不受熏染。一得永得，體是無漏。哪裡還有隔陰之昏？糟蹋了四十二位法身大士。況都能分百千萬億身，往百千萬億世界成佛，而本體不動。試問百千萬億身中，哪一身有隔陰之昏？

有人說，五祖戒之為蘇東坡，青草堂之為曾魯公，悟後仍迷。故大悟後，仍須求生西方以為穩當。予曰，不然。《首楞嚴義疏注經》云：「一人發真歸元，十方虛空悉皆銷殞。」依空立世界，既無虛空則世界更不可得。故迷時三界有，悟後十方空。十方世界都空，則西方亦不能存在。是知會事歸理，則十方世界都不可得。依理成事，不妨菩薩亦發願往生淨土，借此接引凡流。以大悲心切，菩薩亦發願下生三途，所謂大化小化隨類化。

《思益梵天所問經》網明菩薩問：「世尊：『何謂菩薩家清淨？』佛言，善男子，菩薩若生轉輪聖王家，不名家清淨。若生帝釋中，若生梵王中。亦不名家清淨，在所生處乃至畜生，自不退失善根，亦令眾生生諸善根，是名菩薩家清淨。」《勝天王般若波羅蜜經》云：「『……願我身常生穢國不生淨土，何以故？譬如病人乃須醫藥，無疾不須，不見我能行及所行法，無二無別，自性離故。』是名菩薩摩訶薩學般若波羅蜜，通達願波羅蜜。」又《菩薩瓔珞本業經》云：「菩薩爾時於第一義中道，智為佛寶。一切法無生，動與則用為法寶。常行六道，與六道眾生和合，故名僧寶。轉一切眾生流入佛海故。」所以釋迦菩薩過去為野干、為獅子、為鹿王、為兔王。以大悲願力故，應如是行。不可以言釋迦墮落惡道矣。

若云禪師悟道仍要墮落，則阿彌陀佛之為永明智覺延壽禪師，作臨濟的子孫，相好光明一概全無。大勢至菩薩之為印光老法師，作禪宗的子孫，則阿彌陀佛、大勢至菩薩亦有隔陰之昏，墮落凡夫乎。禪淨互相謗毀，都是戲論。不知佛菩薩大悲願力中，隨類化千百億身，隨凡夫而現凡夫。如觀世音菩薩三十二應，而本體如如不動。既證無漏真如，一得永得，豈有迷失之理？至於未悟凡夫，求生西方最為穩當，不可以把大菩薩都拉到西方去也。若菩薩都去西方，則娑婆眾生苦死了矣。大悲之願何在？故菩薩生則實在生，去則實不去。

晦堂禪師云：「誠能心無異緣，意絕妄想，六窗寂靜，端坐默究，萬不失一也。」

又憶蕅益大師《梵室偶談》云，參禪人欲生極樂，不必改換門庭。只要迴向淨土，發願往生即得，蓋見佛有見佛之法身者，有見佛之報身者，有見佛之化身者。此三身中，報化非真佛，亦非說法者。以有相故，屬於生滅。須求見佛之法身，即是真身，一見永見，一得永得。《摩訶止觀》云：「佛法身者，即是空也。須菩提空智偏明，能於石室見佛法身。」

《宗鏡錄》云：「如佛在忉利，一夏安居。佛以神力，制諸人天，不知處所。夏受歲已，佛攝神足，欲還閻浮。爾時須菩提，於石室中住，自思惟言：佛忉利下，當至佛所禮佛耶？為不至耶？復自思惟，佛常說法，若人以智慧力，觀佛法身，是名見佛中最。佛時已從忉利下閻浮提。四眾皆集，人天相見，座中有佛及轉輪王，諸天大集，眾會莊嚴，先未曾有。須菩提念，今此大眾，雖復殊特，勢不久停，磨滅之法，皆歸無常。因此無常，觀之初門，悉知諸法，空無有實。作是觀時，即得道證。時一切眾，欲先見如來，禮拜供養。有蓮花色比丘尼，常為他人呼為淫女，欲除惡名，便化為輪王，七寶千子，眾人見之，皆悉避座。化王見佛，還復本身為比丘尼，最先禮佛。佛告尼言，非汝先禮我，唯須菩提最初禮我。所以者何？須菩提觀諸法空，為見法身，得真供養，供養中最。」遂說頌言，若以色見我，以音聲求我，是人行邪道，不能見如來。

是知苦、空、無常、無我，為助道之首，得此可以見佛法身。否則，心境不空，即得生西，但見彌陀之化身也。化身無常，故彌陀滅度之後，觀世音菩薩成佛號遍一切光明功德山王如來，改極樂為一切珠寶所成就世界。故宗門向上一著，魔來也斬，佛來也斬，心境俱泯，實相念佛，念佛之法身也。如須菩提空觀現前時，能於石室不動一步而見世尊禮拜供養。所以宗門破本參時，不離娑婆即得見彌陀而往生極樂也。故生則實在生，去則實不去。

## 二、諸宗方便

淨宗觀想持名，念佛之化身也，生則實要生，去則實要去。如蓮花色及人天眾，有作之修也。若進而加念處等道品，有心念至無心，得念佛三昧。所謂花開（即自己心花開敷）見佛悟無生，亦見彌陀之法身，即身往生，禪淨不二矣。古德偈曰：「參禪念佛本來同，看破分明總是空，功到自然全體現，春來依舊百花紅。」所謂方便有多門，歸元無二路。但禪宗專攝上根利智，吾人自量下根，則以持名念佛為最穩當。爾但知其跡，不明其本，謂之不懂教理。眾疑均釋，未知尚有何疑耶？

**問**：念佛人鮮有得三昧者何耶？

**答**：用功的方法，有正行、有助行。參禪念佛都是正行。要正行得力，必有助行以助之。所謂助行者，菩薩當修六度萬行，無善不作。比丘著重於三十七道品，無惡不斷。欲出世間，各種助道非修不可的。《大方等大集經》云：「三十七品是菩薩寶炬陀羅尼。」《涅槃經》云：「能修八正道者，即見佛性，名得醍醐。」《淨名經》云：「道品善知識，由是成正覺，道品是道場，亦是摩訶衍。」如此等經皆明道品，何但小乘？或正行有力，已得生於極樂，亦非修助行不可。

故《阿彌陀經》中行樹水鳥皆演五根五力，七菩提八聖道。蓋佛佛道同，斷證不異。正助均修止觀雙運。所以念佛人，當先從四念處觀下手，所謂觀身不淨、觀受是苦、觀心無常、觀法無我。如是則空觀現前，此心與淨土相應，三昧即從空觀中建立，生淨土必矣。此是約略而言，若要詳知，可在《阿彌陀經》註解中，將三十七道品，詳細研究一下子，先要在娑婆學修，後到極樂再修，非修不可的。

所謂不可以少善根福德因緣得生彼國。大家注意：若為居士應當及時擁護正法。《勝天王般若波羅蜜經》云：「梵天，於此穢土護持正法，須臾之間，勝在淨土過一劫，若一劫，是故宜應勤加精進，擁護正法。」蓋淨土飲食自然依正具足，用不著擁護耳。

**問：**前言助道，未知如何依四念處？

**答：**觀身性同於虛空，嚴心而住，名身念處。觀受不在內外，不在中間，名受念處。觀心但有名字，名字性離，名心念處。觀法不得善法，不得惡法，名法念處。如是空觀現前，即與淨土相應。古德云：「心行處滅，是諸佛常住真心。心行處有，是眾生生死業心。其間不容絲髮。」

**問：**如何是念佛一心不亂？

**答：**心本無念，念遂想生，此想虛妄，流轉生死。汝今當知此一句阿彌陀佛，不從想生，不從念有，不住內外，無有相貌，即是盡諸妄想。諸佛如來清淨微妙真實之身，非一非二，不可分別。如是念者，煩惱塵勞，無斷無縛。止是一心，必得一心，方得名為執持名號，方得名為一心不亂。淨業功成，直趨上品。古德偈曰：

「阿彌陀一句，萬法之總持。聲與心相依，念茲復在茲。感應不思議，蓮開七寶池。」

**問**：念佛不能一心，當作何方便？

**答**：汝但息想定慮，徐徐念去，要使聲合乎心，心隨乎聲，念久自得諸念澄清，心境絕照，證入念佛三昧。然平日必須多念，從千至萬，心無間斷，則根器最易成熟。若強之使一，終不一也。

若人有病，應當想此身世無常，所有妄緣，一切放下，徐徐念佛，自然六塵不生。一心清淨。不唯愈今生之疾，即生死病根，亦從此拔出矣。古德偈曰：「病從己作，還由己除，攝心清淨，得常安樂，堅久不變，同無量壽。」

念佛者，念心也。心不離佛，佛不離心，是真念佛。當於一切時，觀此佛名，與我心體，是一是二？若云二者，云何心即是佛？佛即是心？若云一者，云何忘則佛無？憶則佛有？則知此佛與心，離諸名相，畢竟空寂，是名究竟。若但念而不究竟，即無妙解。念佛三昧云何顯發？譬如十字街頭，若無眼，若無足，乞男丐婦，終日不住口念到夜。計其所持，一日百千萬遍。究竟是殘疾者，求乞者，並不曾證得一毫果在。此何以故？以無解無行無一心不亂故耳。

清涼國師《華嚴經疏鈔》，說一切法門，都是念佛法門，自淺至深分為五教。今依清涼國師所判，可以斷定念佛之深淺曰，禪宗心境雙泯，下手難而成功易，即身見性成佛，故曰頓教，淨宗持名觀想，下手易而成功高，待往生西方成佛，判屬小教。

**或怒曰**：小乘不知有淨土，云何將淨宗判屬小教耶？

**答**：《阿彌陀經》對小乘人說的（旨在說，小乘人亦知有大乘土，並非說，《阿彌陀經》是小乘教，不可誤會。）舍利弗目犍連等為當機，皆生則實在生，去則實不去，法華會上授記作佛。吾輩念佛，自號大乘，妄想紛紛，生與不生，都靠不住，生死尚在閻王手裡，小乘程度都夠不上，不知慚愧，妄自尊大，可憐可笑。所以我們現在應當大生慚愧，勤修助道，四念處觀，六度萬行，以期今生證得念佛三昧，見佛法身，臨命終時，千穩百當，決求上品。以吾人志在上品故，即程度不夠，中下品必有份也。若志意狹劣，觀行不修，只求中下，則不定往生與否矣。

不生他方但生極樂者，清涼國師《華嚴經疏鈔》略明四意：

1.有緣故。（彌陀願重，偏接娑婆界人。）

2.欲使眾生歸憑情一故。（但聞十方皆妙此彼融通，初心茫茫，無所依託，故方便引之。）

3.不離華藏故。（極樂去此，但有十萬億佛土。華藏所有佛剎，皆微塵數，故不離也。）

4.即本師故。（《華嚴經》偈云：「或有見佛（指釋迦）無量壽，（釋迦即彌陀）觀自在等共圍遶。」乃至賢首阿閦等，皆毘盧化身，云云。）

可知方便說，阿彌陀佛為第一，極樂為最妙。《大寶積經》中文殊菩薩與阿難尊者成佛，依正莊嚴都超過彌陀無量億倍，如一滴水與大海相比。實則十方平等，佛佛皆妙，無有高下，但順眾生執著心耳。《華嚴經》云，極樂世界之西有袈裟幢世界，彼國一日當極樂世界一大劫，佛與國土莊嚴都超過彌陀佛國，在袈裟幢世界之西，又有佛國超過袈裟幢的。

**問**：如何是觀想念佛？

**答**：淨宗是持名念佛，禪宗是實相念佛，觀想念佛是密宗所修。修法雖然不同，目的都是一樣，不可以重此而輕彼也。前天有一位成都近慈寺的同參法度和尚給我一封信，說伊隨能海老法師學密，所修的淨土法門，抄錄於下：（上略）

| 觀想 | | | 表 | 德 | 懺悔 | 成就 |
|---|---|---|---|---|---|---|
| | 頭頂：白色光明 | 嗡 | 斷 | 斷垢清淨義 | 身業 | 法身 |
| | 喉間：紅色光明 | 啞 | 智 | 說法令喜義 | 口業 | 報身 |
| | 心中：藍色光明 | 吽 | 恩 | 度生深切義 | 意業 | 化身 |

嗡啞吽三字三色，此是修密法觀想之總樞，是本尊諸聖者三業加持行者之表色，內中意義很多。總之能令行者得光明甘露，充滿身心，罪消福增。亦所謂新陳代謝之意，比其單念佛號，而不修觀想者，強而有力，亦是行者本有之光明，須仗佛力顯現。在任何有情臨命終時，必經顯現此光。如修法純熟，在將死未受生之間，中有身顯現此光時，於此光中契合本尊（即彌陀）之慈光，即時得生淨土。阿彌陀佛名無量光，亦即光明接引行者之意。行者多修此光明觀，能助往生之福德因緣。

又行者須於自心間，觀想一最香潔無比的八葉蓮花。花上復現一極圓滿極明亮的寶月，如十五夜無雲皎潔遍照大地，月中復現一藍色吽字，同時頭頂現一白色嗡字，喉間現紅色啞字，心間現藍色吽字，並在蓮月輪中。如是光明聲意，皆由本尊加持而來。（即觀阿彌陀佛為本尊，身赤紅金色，並無量相好莊嚴。如唱阿彌陀佛身金色偈，就是叫行人起觀的。）消罪之境，如暗得明。潔淨心地，如蓮如月。積福生慧，增長意樂，極其殊勝。如念佛人，加修此觀，使其他種境界業識，力弱而不現。即能隨念隨願，隨自信心，仗佛力以往生，深知此意，而行者取得殊勝善巧之方法也。

又念佛時，必須觀佛相好。觀佛如在目前，或觀自身已生蓮池，從自心光明中出生花、香、燈、塗、果、樂，如雲如海，種種供養，重重無盡，名曰海雲供養，增長無盡福德。密宗最注重上師傳授，此不過略言而已。

又顯中有密，密中有顯，顯密融通。淨中有禪，禪中有淨，禪淨不二。顯教但顯其文字理解法相等，以開慧目。密教是攝其理解法相等之精要，在事上專修，以增福德（因修密乘者，純於自心建立之境界故。）淨宗是執有相而入無相，由有生而悟無生，由有念而入無念。禪宗是掃有相而契無相，言語道斷，心行處滅，即無念而離念。總之，顯密禪淨，皆歸寂光本體。方便有多門，歸元無二路。所以顯密禪淨，本不相離，在正法時不分界限。欲現身成就，不可不知修持之善巧。

《楞嚴經．大勢至菩薩念佛圓通章》有云，念佛人如子憶母。乃在使行人發深切心。即會歸自心本具之天真佛性，母子情契之理解。若會經中之密意起修，必須觀想母親慈容（即佛之相好），悲意（度生之願力），愛護於我（念念不捨我），我幸得人身，現身一切受用皆母親所賜。我以經咒法力，從心中出生種種供養，母親喜我（即得加被）。

此密法觀修大意略說如此，較之淨宗但念而不觀更深切得多，事上更為完備。觀純熟之後，更深一層。觀修母親光明體質，無畏精神，種種莊嚴，不從外來，皆我自心所起。彼之一切，為成就我自身中模範也。再再串習繼續修觀，我亦如母親之光明身體。我亦得母親之大無畏精神。母親之功德法財，不與愛子而與何人？我即母親，母親即我，天真佛性，時時相逢。

修密要點，就是要自己成就本尊。以得體故，具足大用。淨宗行人，希將「花開見佛」微密觀想。若能觀佛相好現前，自心蓮月花開，於八識田中，深植此境。臨終一聞佛聲，即現乘光而生淨土也，亦即所謂因地心與果地覺契合無二。

佛教諸宗，雖分顯密律淨，從凡至聖，終不外乎調伏身口意三業，以至於斷惑證真，究竟事理之真相而已。若論修持之方法，總不離戒定慧三無漏學。三學之基礎建築於戒。由有戒而成善根福德因緣。由戒淨而身淨心淨，加以萬德洪名之佛號，造成淨業，得生淨土。世尊將入涅槃時，重重咐囑以戒為師。可見戒之一字，是佛一生所行所修中，最尊貴之道德。所以學佛最初先要三皈五戒。由戒則身口意動作如法，十善成就。身作佛事，口念佛號，意參佛理。三業調和，自然成就定相，所謂一行三昧，亦即是念佛三昧。定相成就，法意受樂，成就慧相。念念利他，以清淨悲心與情氣融通，故亦反資自己，增長福德因緣。現身即是樂土，生淨土必矣。故《華嚴經．淨行品》，凡作一事，必有當願眾生等語。然於戒定慧，以何方便而得深造，及得受用，這在當人一念善巧之智。《華嚴經．淨行品》云，善用其心，智為先導。智者般若也。如築基造屋，處處不離最初圖樣之智相。以得巧匠善於應用，得成高樓大廈。如是心念不離智為先導，使身口意不離律儀作為，於自三業中建大法幢。如此方稱善學文殊普賢，善修淨土。

## 三、往生西方的一個譬喻

政府教化人民，設有小學、中學、大學、造就人才，為的是要安邦定國，非爭名奪利。諸佛出世教化眾生，設有聲聞乘、緣覺乘、菩薩乘，造就賢聖，為的是要明心見性，見性成佛。佛佛道同無有高低上下，為方便接引眾生故，不妨說「十方三世佛，阿彌陀第一」。世尊住世八十載，辦學緣畢，交與西方二十八代祖師。洎東傳震旦，漸至末法，校長教員都乏其人。縱有二三善知識，又不能觀機逗教。人根又鈍，壽命又促。想在此間求學，實在不容易畢業。唯一的方法，當依佛的最勝方便，提倡淨土，轉入他方學校。

十方雖有淨土，惟西方阿彌陀佛最勝，與吾人最相應。故求生西方者為的是娑婆學校辦事無人，腐敗不堪，欲轉入完美之學校故耳。如在此方已經明心見性，有畢業的程度，亦需要往他方參考觀察一番，回入娑婆整理腐敗的學校，教化腐敗的學生，以維佛種。度無始以來的父母妻子，怨親眷屬，皆成佛道，此是菩薩發心。但欲轉入西方求學，須在此間具有投考入學的資格；第一要一心不亂，第二要具足善根福德因緣，第三要信願行三種資糧。光陰如箭，餘命無幾，一心放下來速辦，尤恐未能，歧路徬徨，不知何歸，可嘆可嘆！

以上所言，是我個人聞經聞教所得的知見。然未悟凡夫，都如瞎子摸大象，各執一邊。若看語錄文抄文集等書，未免各弘自宗，遍揚己見。故研究佛學，當看佛經，佛經是文抄語錄的根源。佛旨已明，再閱文抄語錄，一過便捨，有何義理超過金口親宣者乎。深淺權實，到處不到處，或偏或正，或毀或揚，都不為他所瞞矣。

# 淨土真義

## 一、淨穢二土之本體

世出世間一切諸法，多至百法千法萬法，總而言之，不出二法，曰色法與心法，不外三種物，曰動物、植物、礦物，結為二種果報，曰正報，曰依報。動物即是十法界之正報，植物礦物即是十法界之依報。正報具色心二法，依報唯有色法而無心法。有莊嚴之正報，才享受莊嚴之依報，即依報隨有福德之正報而莊嚴之。正報分為十法界，依報分為四土、三界、九地。土即是地，地即是心，隨心所感而受生之地處優劣不同，果報各異。故其心惡毒，而所生之處謂之三途。其心善良，而所生之處謂之人天。就人天中，有凡有聖。其孽緣重者，感而為娑婆。其發心清淨者，感而為淨土。故舍利弗所見荊棘瓦礫，而大菩薩所見清淨莊嚴。智者入定而靈山一會儼然未散。五台為金色世界。普陀為琉璃世界。土由心感，所以心淨則一切國土淨。永明智覺延壽禪師云：「若心淨即香台寶樹淨剎化生，心垢即丘陵坑坎穢土稟質，皆是等倫之果，能感增上之緣。是以離自心源，更無別體。」

## 二、淨土之應機

夫如來一代時教，無非為淨眾生之心地，導歸淨土為目的。蓋淨土者，三德之祕藏，究竟安隱之處。其名雖四，總以常寂光為究竟。常即法身德，寂即解脫德，光即般若德，即一而三，即三而一，依正不二，不二而二。故全依即正，名為法身。全正即依，名為淨土，淨土者，即佛心所證之真如本體，淨為心，土為境，心境不二之別名，號曰淨土。又淨土者，無土也。無土即是無心，無心即是清淨心，此心清淨即生淨土。本無東南西北，全法界以為土，即是清淨法身。只此依正不二常寂光法性淨土，人人本具，全體迷之為三界六道，偏真取之為聲聞緣覺。隨分悟之為三賢十聖。

所以諸佛悲愍眾生，為實施權，不動寂光垂下三土，為接引三賢十聖故，示實報莊嚴淨土。為接引聲聞緣覺故，示方便有餘淨土。為接引三界六道故，示凡聖同居淨土。此三土皆有東南西北，分布十方，諸佛各以悲願表其分化。所謂權現，非究竟到家也。故《仁王般若波羅蜜經》云：「三賢十聖住果報，唯佛一人居淨土。」即指常寂光是真淨土也。《法界安立圖》：「《淨土論》云：土有五種：一純淨土，唯在佛果。二淨穢土，謂淨多穢少，即八地以上。三淨穢平等土，謂從初地乃至七地。四穢淨土，謂穢多淨少，即地前性地。五雜穢土，謂未入性地（即凡夫所居）。」以上五土，皆下不知上，上能知下。唯佛聖滿覺，居純淨土，故五土悉見。

## 三、淨土之方向

吾人用功，先權後實，自淺至深，由有相結歸無相。西方極樂世界者，彌陀之權現也。東方琉璃世界者，藥師之權現也。無論東西，但得親近一佛，即可親近十方諸佛。但生一方之淨土，即展轉十方之淨土。若有相結歸無相，淨土實不可得。亦不在東方與西方，總在吾人自心之中。但在有相之凡夫，必先擇有相之淨土以為依靠，則韋提希之所揀亦即吾人之所揀，西方之願是矣。

問：予讀《摩訶止觀輔行傳弘決》至第三十八卷，發心念佛註中，引大論第八。問，云何名為念佛三昧？答，有二種不同。1.聲聞法中，於一佛身，心眼漸開（即入三昧）滿於一方。2.菩薩法中，於十方三世佛土諸佛常現在前。（如華嚴重重無盡念）觀此可知單念西方阿彌陀佛屬於小乘。云何文殊普賢馬鳴龍樹諸大士，皆發願往生極樂者何耶？

答：佛說一切法門，皆為破眾生之執著，說西方而無西方之相可得者，是為菩薩。說西方而執著於有西方可生，說淨土而執著於有淨土之相者，即是聲聞。（不達寂光無相之理）當知諸佛菩薩之出世也，如日輪之東升。其滅度也，如日輪之西墜，故釋迦涅槃，北首西向。以此類推，十方諸佛涅槃，皆北首西向也。佛佛道同故，彌陀亦不例外。在凡小目光中執為實有生西之相。如日之東升西墜，人皆見之，云太陽從西方下山矣。不知日乃恆星也，自東往西，未嘗移動一步。而晝之與夜，東之與西，皆地球之自動，而日實未有晝夜，東升與西墜也。可知吾人未出地球之範圍，妄分東西。若出地球之外，而太虛空未有東與西也。

問：然則極樂世界不在西方乎？

**答**：有形之物當然是有方所，我前已說前三土皆有東南西北。經此一譬，當知佛菩薩亦復如是。既證真空理性，而真空理性之中，實無東南西北過現未來之分。故權說西方，實遍於十方者，大乘菩薩也。執著於一方一佛者，（同居方便二土）凡小聲聞也。優曇大師偈云：「四土非方域，情生礙不通，悟迷分大小，淨穢隔西東，萬有形雖別，千機理自同，春風俱一拂，何處不花紅。」故知《摩訶止觀輔行傳弘決》之引大論，為破吾人之偏執，為要吾人各證真空理性，直入寂光，而汝不明妄生疑問耳。況今人念佛，不知將正念以破邪念，專用妄想執著，分別功德，不肯老實念佛，惟圖生西，欲見佛身，久無效驗。即使有見，恐落魔道。

《摩訶止觀》云：「若內闇隱沒，不識一箇功德法門，而外見光相溢目者，此是魔也。折善芽莖，損道華果。今時人見佛，心無法門，皆非佛也。若得此意，但取法正，色相非正也。若專取色相者，魔變作相，泥木圖寫，皆應是佛。又如來示現，自在無礙，何必一向作丈光。丈光形者，示同端正人耳。佛遍示所喜身，遍示所宜身，遍示對治身，遍示得度身，師僧父母，鹿馬猿猴，一切色像，隨得見時，與法門俱發，又能增長本之善根，乃名念佛三昧（云云）。」

讀此可知除執除妄無相念佛，是真念佛。真念佛人，念一佛即是念十方三世一切諸佛。經云，若有人受持觀世音菩薩名號，等於受持六十二億恆河沙菩薩名號。以此類推，則稱念阿彌陀一佛名號，亦等於六十二億恆河沙諸佛名號。故知無相念佛，一即一切，一切即一，一念一切念，無念無不念。觸著碰著皆可悟道，入於三昧。《金剛經》云：「若以色見我，以音聲求我，是人行邪道，不能見如來。」是知大乘與小乘之分別，在執著與不執著耳。《淨度三昧經》云，眾生自度耳，佛於其無益。」可知念佛人，雖藉佛力（彌陀大願船），還當自淨其心（自備三資糧），佛不能替吾人去執除妄也。若專藉佛力來去執除妄（如靠輪船力，自不買船票，船主不許上船一樣）。

下卷云，如是人輩，億佛不能度，況一佛耶？是故人為自度，佛不度人。《勝天王般若波羅蜜經》云：「願自智慧，發無上心，不由外緣。」所以吾人當自掃除妄想，破諸執著，心淨一切國土淨，極樂當在目前也。任運往生，何勞妄禱。若頓悟無生，真見佛性，虛空粉碎，大地平沉，十方皆不可得。古德云：「迷時三界有，悟後十方空。」日輪西墜，實未移動一步。故生則實在生，去則實不去。古德云，淨法界身本無出沒，大悲願力示現受生。故生而未嘗生。又云：「大千沙界諸佛土，刹刹塵塵現勝身。」則化身遍滿於十方。權（前三土）之與實（常寂光土）

可以了然矣。

**問**：依法師所說，實無西方乎？極樂世界有耶無耶？

**答**：凡有形相之物，必有方向；華藏剎海，東西有定，我上文已明前三土皆有方向。所言十方皆不可得者，乃是大地平沉，虛空粉碎之後，極樂娑婆淨穢俱空，連空亦不可得；到此工夫，究竟菩提，歸無所得，結歸常寂光淨土，此是《華嚴經・入法界品》，普賢菩薩導善財童子歸極樂世界，即是一真法界，故號〈入法界品〉，不名生西方品，此等覺菩薩所生，無有東西也。若吾輩初學凡夫，當發願指定西方，從權做起，愈執著則道心愈堅，既有東方之娑婆，必有西方之極樂。寄位修證，菩薩為伴，一生不退；此大好因緣，豈可錯過？至花開見佛悟無生忍時，再來娑婆，還度眾生，此即是大心凡夫。若云生西方了生死，不來東方投娘胎；此乃貪生怕死的小心凡夫，吾所不為。吾不願學。

# 四、淨土之修證

淨土是學佛人的總歸結，無論禪教律密淨，三藏十二部，所說一切法門，都結歸於淨土，一切修持都可作淨土之資糧。蓋眾生之根性不同，欲樂亦異。或以持戒為因而生淨土，或以誦經為因而生淨土，或以念佛為因而生淨土，或以禪定為因而生淨土，或專修三密為因而生淨土，或以六度萬行自利利他為因而生淨土；或兼修各宗，或專精一門，八萬四千法門皆是淨土之因。以淨心之程度，分蓮台之九品，若頓證法身，直趨寂光，則超乎九品之上。《楞嚴》所謂一人發真歸元，十方世界悉皆消殞。故無世界之世界，即是一真法界，即是常寂光淨土，究竟到家矣。

**問**：禪宗不談淨土，二乘不談往生，云何都歸淨土耶？

**答**：古德云，無心而大智萌，慮絕而真源顯，無身而身遍十方，無土而土窮剎海。故淨土無土（指常寂光土），猶如虛空。凡夫捨之，自迷真性。二乘不言，不外偏真。禪宗不生，重在無生。無生示生，是為永生。故虛空粉碎，大地平沉，結歸常寂光淨土。古德云：「禪外無淨土，淨土外無禪。」故參禪人決生淨土。不言西方，普該十方也。是知有生之生，實報、方便、同居，三土也。無生之生，寂光淨土也。究竟如法界，廣大如虛空，十法界都不能出其外。故淨土法門，橫遍豎窮，普該普攝，捨之自迷，避之不得也。譬如癡人，欲捨虛空，避虛空，避而卻走。無有是處，終不可能。故淨土法門，攝盡如來一代時教。然普通修心，以念佛持名為捷徑。今錄得大課誦本中，古人一篇弘揚淨土的好開示，依此用功，決得往生無疑。願同學者熟讀而參究之。

或言，生西方才能見佛，不生西方則不能見佛。生西方才是淨土宗，不生西方不是淨土宗。法師所言是破壞淨土，不是淨土正宗也。予言，不也。生西方是前三種淨土，所見者報化彌陀也。不生西方是法性淨土，所見者法身彌陀也。或言，則我不生西方也。予言，汝未見法性，不能見法身佛，不生西方是不能見佛的。經云：「報化非真佛，亦非說法者。」故真修淨土人，須直達淨土之根本，見彌陀之真法身，直超九品之上，一見究竟見，一得永遠得。

《摩訶止觀》云：「佛法身者，即是空也。須菩提空智偏明，能於石室見佛法身。」《止觀輔行傳弘決》云：「佛在忉利，一夏安居，佛以神力，制諸人天，不知處所。夏受歲已，佛攝神足，欲還閻浮。爾時須菩提，於石室中住，自思惟言；

佛忉利下，當至佛所禮佛耶？為不至耶？復自思惟，佛常說法，若人以智慧力，觀佛法身，是名見佛中最。佛時已從忉利下閻浮提。四眾皆集，人天相見，座中有佛及轉輪王，諸天大集，眾會莊嚴，先未曾有。須菩提念：『今此大眾，雖復殊特，勢不久停，磨滅之法，皆歸無常。』因此無常，觀之初門，悉知諸法，空無有實。作是觀時，即得道證。時一切眾，皆欲先見如來，禮拜供養。有蓮花色比丘尼，常為他人呼為淫女，欲除惡名，便化為輪王，七寶千子，眾人見之，皆悉避座。化王見佛，還復本身，為比丘尼，最先禮佛。佛告尼言，非汝先禮我，唯須菩提最初禮我。所以者何？須菩提觀諸法空，為見法身，得真供養，供養中最。」遂說頌曰：「若以色見我，以音聲求我，是人行邪道，不能見如來。」蓮花色赧顏而去。是知無常無我，無相無念，是真修淨土之正因，行此可以見佛法身。

否則，心境不空，即得生西，但見化身彌陀。化身無常，故彌陀滅度之後，觀世音菩薩成佛，號遍一切光明功德山王如來，改極樂為一切珠寶所成就世界。故宗門向上一著，魔來也斬，佛來也斬，心境俱泯，實相念佛，念佛之法身。如須菩提空觀現前時，能於石室不動一步而見釋尊禮拜供養。故生則實在生，去則實不去。若吾輩鈍根，心境難空，唯在多持名號，生則實要生，去則實要去。若有心念至無心，入一行三昧，亦見彌陀之法身，禪淨不二矣。古德偈曰：「參禪念佛本來同，看破分明總是空，功到自然全體現（見法身），春來依舊百花紅。」所以方便有多門，歸元無二路。但禪宗專攝上根利智，吾人自量下根，則以持名念佛為最穩當。

更列表略明淨土之修因證果，詳則請閱二課合解。

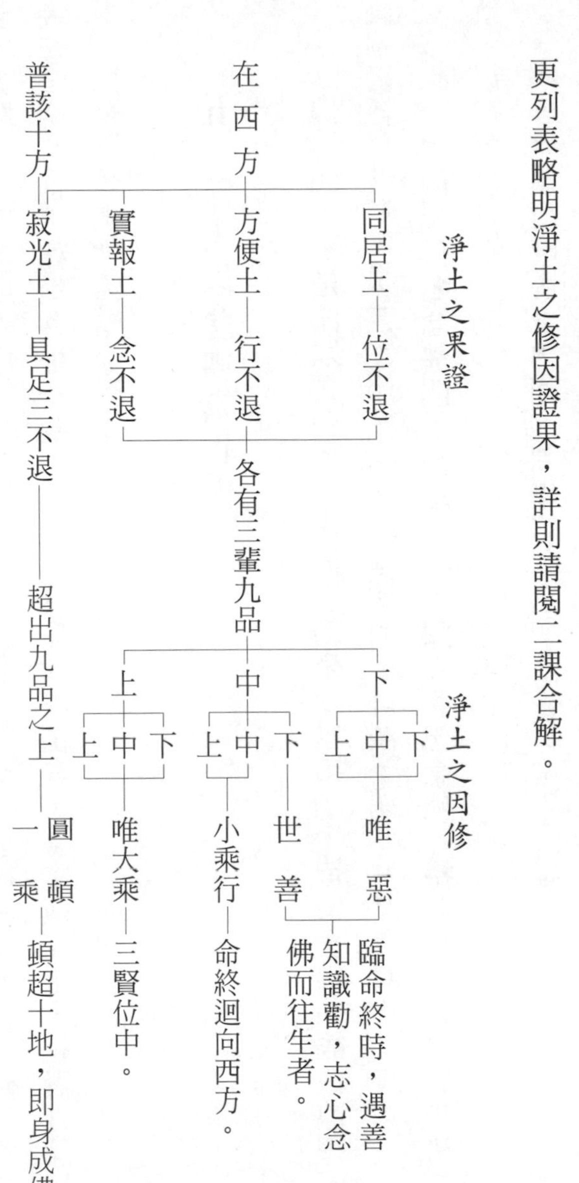

《觀無量壽經疏妙宗鈔》云：「蓋一切善，若能迴向，皆淨土因。仍一切惡，若能懺願，亦淨土因。故種種善修之淺深，無非九品。」若修善而無善可修，空諸妄想，明見佛性如須菩提空觀現前時。直見彌陀法身，生常寂光土，超過九品以上。此是圓頓上根，吾人雖不可能，然不可不知。

## 五、淨土以念佛為正因

念佛法門，不是淨宗獨有，凡學佛人如來四眾弟子，皆當念佛。故清涼國師《華嚴經疏鈔》，說一切法門，都是念佛法門，自淺至深，分為五教。

（一）觀想持名念佛門：判屬小教；即今觀想念佛，持名念佛，未破我法二執，都在有為有相之中。

（二）攝境唯心念佛門：判屬始教；即今空相二宗，修唯識觀等。

（三）心境無礙念佛門：判屬終教；即今性宗，會相歸性，事理圓融。

（四）心境俱泯念佛門：判屬頓教；即今禪宗，開口即非，動念便乖，直指人心，見性成佛。

（五）重重無盡念佛門：判屬圓教；一佛一切佛，一念一切念，即華嚴德雲比丘教善財所修。

觀上清涼國師所判，可知如來一代時教，念佛攝盡。故五乘宗趣，皆歸淨土。菩薩以大悲心切，行無住行，雖在地獄亦是淨土。如提婆達多，處地獄中，樂如三禪天，佛與授記，號曰天王如來。地藏菩薩，地獄未空誓不成佛。以理性中本無淨穢，故心淨一切國土淨。

**問**：開口即非，心境俱泯，如何亦算念佛耶？

**答**：念佛不在口上，參禪不在腿上，古人已說。人有二心，動心即是念。人若一心，不動心即是無念。無念而念，念而無念，心境俱泯，是真念佛，但非鈍根人所能做到。

**問**：僧問大珠和尚，願生淨土，未審實有淨土否？

**答**：經云：「欲得淨土，當淨其心，隨其心淨，即佛土淨。若心清淨，所在之處，皆為淨土。譬如生國王家，決定紹王業，發心向佛道，是生淨佛國。其心若不淨，在所生處，皆是穢土，淨穢在心，不在國土。」故心淨一切國土淨。若夫吾人，未證法身之凡夫，則事理分明，淨穢宛然，稍受痛苦，則神識無主，既聞彌陀萬德宏名，不可不求生西方淨土，以免墮落。

## 六、禪與淨是最易最快成佛之法

諾那呼圖克圖云：「最容易最穩當最迅速成佛之法，莫過於彌陀大法。此法如專誠修持，七天即成。到命終時，必生淨土。或一心求彌陀接引，或觀想唯心淨土，本性彌陀，我即彌陀，彌陀即我。是心是佛，是佛是心。無不成就。此外只有一心不亂，多修禪定，求明心見性，我心何時完全明白？何時即身成佛？一日不明白，一日就是眾生。所謂一心不亂者，是將心不要收住，又不要放開，不要執著，不取不捨，住於不心，住於不法，無相無行，無動無亂，寂靜涅槃，亦不取涅槃相，是名解脫。如果是多行打坐，用意將心收住而入定，此就有收念之心，不是一心，便有二心，其結果恐怕落於羅漢道。故《金剛經》云：『應無所住而生其心。』此種工夫，全在各自修證，非言語所可形容。所謂不可說不可說，最易最快成佛之法，決唯一禪一淨。除此之外，更無其他。又我是佛，佛是我，是心是佛，是佛是心，人法皆空，心境俱寂，真心本淨，法爾常恆，此即是無上密法。有佛堂有供養固好，無佛堂無供養亦好。蓋小法則儀式繁多，法愈大則儀式愈簡單。一切供養以心供養為最，不忘失菩提心，是即身成佛真種子。」

上諾那所說，句句醍醐，最為緊要，故錄之以為未讀者讀之，俾得專心淨土，即身成佛。

# 淨土法門普被三根論

一切眾生，具有如來智慧德相。但由迷真逐妄，背覺合塵，全體轉為煩惱惡業。因茲久經長劫，輪迴生死，如來愍之，為說諸法。令其返妄歸真，背塵合覺。使彼煩惱惡業，全體復成智慧德相。從此盡未來際，安住寂光。猶如結水成冰，融冰成水。體本不異，用實天殊。然眾生根有大小，迷有淺深。各隨機宜，令彼得益。所說法門，浩若恆沙。就中求其至圓至頓，最妙最玄，下手易而成功高，用力少而得效速，普被三根，統攝諸法，上聖與下凡共修，大機與小根同受者，無如淨土法門之殊勝超絕也。何以言之，一切法門，雖則頓漸不同，權實各異。皆須修習功深，乃得斷惑證真，出離生死，超凡入聖。是謂全仗自力，別無倚託。倘惑稍未盡，則仍舊輪迴矣。且皆理致甚深，不易修習。若非宿有靈根，即生實難證入。惟有淨土法門，不論富貴貧賤老幼男女智愚僧俗士農工商一切人等，皆能修習。由阿彌陀佛大悲願力，攝取娑婆苦惱眾生，是故較餘門得果為易也。凡我有情，聞是淨土法門者。當信娑婆極苦，西方極樂。當信多生已來，業障深重，匪憑佛力，驟難出離。當信求生決定剋期得生。當信念佛定蒙慈悲攝受。由是堅定一心，願離娑婆，如囚之欲出牢獄，絕無繫戀之心。願生西方，如客之思歸故鄉，豈有因循之念。從此隨分隨力，至心持念阿彌陀佛聖號。無論語默動靜，行往坐臥，迎賓待客，著衣吃飯，務令佛不離心，心不離佛。譬如切事繫心，凡百作為，不忘此事。或有公私眾務，了無少暇，須於早晚十念念佛，至心發願，亦能往生。以阿彌陀佛曾有願云：「十方眾生，至心信樂，欲生我國，乃至十念，若不生者，不取正覺。」是故十念念佛，亦得往生也。但既念佛求生西方。必須發慈悲心，行方便事。息貪瞋癡，戒殺盜淫，自利利人，方合佛意。否則心與佛背，感應道隔。但種來因，難獲現果矣。若至誠念佛，行合佛心，心口相應。如是念佛之人，至臨命終時，阿彌陀佛，與諸聖眾，必然親垂接引，往生西方。一生西方，則超凡入聖，了生脫死，永離眾苦，但受諸樂矣。此則全仗佛力，不論功之深淺，惑之有無。但具真信切願，決定萬不漏一。至於已斷惑者求生，則頓超十地。已登地者求生，則速證佛乘。所以文殊、普賢、馬鳴、龍樹等菩薩，皆願往生也。具十惡者念佛，尚預末品。將墮獄者念佛，亦登蓮邦。因茲張善和、張鍾馗、雄俊、惟恭等惡人同出輪迴也。其他戒善俱修，定慧均等，居塵不染，處濁恆清，剋志西方，高登上品者。

如群星之拱北，眾水之朝東，何可得而勝數耶？是以千經萬論，處處指歸。往聖前賢，人人趣向。以其為如來普度眾生之要道，眾生即生出苦之妙法故也。

（錄自蓮宗第十三祖《印光大師文鈔》）

臨終測驗訣：

造業因由身口意，如影隨形果報真，臨終體冷顯印證，
頂煖超往蓮華生，此表成就最殊勝，餘論輪迴六道分。
眼耳熱住諸天界，喉熱阿修羅象徵，胸際後冷轉人道，
腹熱陷入畜生群，膝熱直趨餓鬼道，腳心熱墮地獄深。
阿彌陀佛若常念。離苦得樂確萬能！

南無阿彌陀佛

# 《般若波羅蜜多心經》結義

心是正報的主體，物是依報的利用，內心外境，唯心唯物合成人民的生活，故心與物，在世間上是絕對離不開的。蓋離心則物有何用？離物則心又奚托？若言出世間則五蘊皆空。色蘊空即是物空，受想行識空即是心空。物空則唯物非佛法，心空則唯心亦非佛法。

世間上的人不認得佛法，說佛法是唯心，不知心與物，根與塵，均是對待。佛法離言，故絕對待，言空，則人法俱空，言有，則山河大地盡是法王身，三科七大皆如來藏。則不但唯心是佛法，唯物亦是佛法也。言唯心，則心從境生，言唯物，則物由心造。以偏面視之，佛法似乎不合潮流。以整個觀察，佛教與一切潮流都能合作而不背。隨緣不變，不變隨緣，圓融無礙也。

凡夫著有畏空，不知非空不能斷煩惱破無明。蓋心之本體是真空，欲明心體，非觀空不能。心之作用是妙有，欲明心用，即六度萬行廣度眾生為人天師範。《般若心經》是三乘修學之根本，故偏重空字。五蘊空，十二處空，十八界空，是為人我執空。四諦空，十二因緣空，能修之智慧空，所得之菩提涅槃空，是為法我執空。內空外空，空空大空，空至第十八無法有法空，才與自己本來面目相應。古德云：「凡有言說，都無實義。」蓋有言說即是煩惱妄想。煩惱妄想則空，則般若真體自現，即是菩提涅槃。故般若為三世諸佛之母。

《心經》為學佛最要之典，故凡四眾弟子，朝暮課誦，一切佛事均念此經。此經雖略，總攝摩訶般若全部。「行深般若波羅蜜多時」一句，足攝《大般若波羅蜜多經．觀照品》三卷之義。「照見五蘊皆空」一句，可攝《大般若波羅蜜多經．觀行品》四卷之義。「無智亦無得」一句，可攝《大般若波羅蜜多經．無相無得品》五卷之義。由是而知廣者未足為廣，抑又何略之有哉？法無彼此，好樂在機，機之所宜，或舒而廣之，或卷而略之，亦何害焉。然舒者顯而易知，卷者微而難曉，故《心經》者於吾人大有研究者在。

古德偈云：「般若一經，功德無盡，拔妄想根，脫生死病。」

（庚寅夏在廣州六榕寺講解完畢時作）

# 《金剛經》要義

金剛般若是利己利人之大乘經典，故第二分善現啟請之後，第三分如來即標明降心之目標，以利己利人之大乘為心宗。大乘之道，不出六度萬行，故此經為護念咐囑諸菩薩，故說六度無相法門。

序分中乞食所以教人布施，著衣持鉢所以教人受戒，次第行乞所以教人忍辱，足不染塵而又洗足，所以教人精進，還至本處敷座而坐，所以教人禪定。說在祇園又入城乞食，說在乞食又還歸本處，一一不住於相，莫非甚深般若之顯現也。上根利智者，觀察如來一舉一動都在六度萬行之中，外不著六塵，威儀安祥令人樂觀。內不住四相，慈悲剴切令人愛敬。性相如如，春風靄靄。此是如來以行教人，不以言也。所謂「道在尋常日用中」，於此薦得，即獲金剛如幻三昧而登彼岸矣。又何假於言句哉？因須菩提慈悲心切，恐後世中下二根不能了此而更啟請，故指出大乘正宗，一切都是落二落三之剩語耳，惟在當人善能會意。

又如來一代時教，不外乎戒定慧三無漏學。經中著衣持鉢，三千威儀，八萬細行，都在其中，此戒學也。敷座而坐，乃至所請降心住心皆定學也。即心非心，即相離相，住而不住，不住而住，二空三空，圓融無礙皆慧學也。此則不惟大乘所修亦即三乘共學，即共般若五乘根本也。

此經三十二分除序請二分下多顯人空法空而不住有，唯第二十七分顯空空而不住空。三空空已，翻成空有無礙之中道而亦不住。如船師不住彼岸，不住此岸，不住中流，而亦不離此岸彼岸中流，常度眾生，般若妙用亦復如是。

第十分「應無所住而生其心」八字，通前徹後，為全經綱領。六祖大師宿緣既熟故聞此頓明心地。無住二字即是真空實相，豎窮三際橫遍十方，為諸法之根本，住則局而不橫豎矣。生心二字即從無住根本，發不住空有中道之妙菩提心，即是始覺智，亦名觀照般若。

第二十一分以前教人離佛色相，此分教人離佛法相。又上分離人，此分離法。就此一分，上半分即說非說無說而說，是名真說。亦如初分如來分衛應供後，默然禪定，恆處菩提，雖隨機有說，皆是無緣而應，本不曾作念當說何法也。

下半分約眾生非眾生，直示人人皆當作佛，為迷故暫稱眾生耳。自爾時慧命須菩提下六十二字，秦譯本無此。唐長慶二年，長安興善寺靈幽法師暴亡，有二使引見閻王，王合掌賜坐，問修何行，對云常持《金剛經》。王請師誦一遍，誦畢，王曰，師念此經尚缺少一章，如貫花之線中有不續。真本在濠州鐘離寺石碑上，幽既還魂，奏聞於上，奉敕遣使往濠州查看果有此六十二字，遂命增入，即元魏時菩提留支所譯文也。

自第三分至第十六分，乃信解六度理事無礙為下手工夫。示降住其心，歷彰般若妙用。第三分與第十分，總以如幻六度嚴土度生，而不住能所及法，即三輪體空不礙幻有。第四分別讚離相施度以顯理事無礙。第五分與第九分，明出世聖果。人法尚應離者，況六道九界眾生乎。不著則事不礙理。第六分顯持此離相般若者，能離我法二執以顯真空。第七分雙離前二分著佛法相以顯真空。第八、第九、第十、第十一、第十二等，五分皆顯無礙般若，能令布施離著。第十三分，又兼顯能離佛法依正等相。第十二分直顯無礙般若勝。第十四分，顯慧施忍三度理事無礙例知餘度。第十五分，為無上菩提故，五種行持（書寫、受持、讀、誦、為人解說）此經，功德不可思議，一切世間所應供養。第十六分，以無礙般若行忍勝供多佛。

又第二至第十二尊重正教，十分明降住其心。自第十三至第十六能淨業障，四分彰般若妙用：

第二分請問住心與降心之要。第三分略示降心離相。第四分略示住心無住。第五分至第八分廣釋降心離相。第九分與第十分約聖果廣釋住心無住。以上示降住其心。

次下彰般若妙用：第十三分，即事顯理彰般若離相用。第十四分彰般若無住用。先不住六塵，次不住人法。故如來說一切諸相，即是非相，又說一切眾生即非眾生等。若菩薩心住於法而行布施，如人入暗即無所見等舉喻顯用。當來之世，若有善男子善女人能於此經受持讀誦下明生福用。能淨業障分第十六，明滅罪用。

自第十七分至第三十二分，乃修證空有無礙為究竟目的。明菩提無法正顯般若本體：

第十七分，度即無度，得即無得，嚴即無嚴，為修證理事無礙之總相。初攝前降住無法。次發心無法。後如來於燃燈佛下，因果無住。第十八分，別明心即非心，修心空觀行。佛見圓見，佛知圓知。第十九分，別明修離相施，實福非福。第二十分，別明修相與非相無礙觀。約色相言說有二：1.示色非色。2.即相離相。

第二十一分，修法與非法，生與非生無礙觀。即說非說，眾生非眾生。第二十二分修得與非得無礙觀。自此以下正顯本體自性平等，此分明佛親證無法。第二十三分，修修與非修無礙觀，直示覺性平等。第二十四分，著相財施，不及離相法施，引事以顯勝。第二十五分，修度與非度無礙觀，約生佛以顯平等。第二十六分，二十七分直斥著有著空，合之以修理事無礙觀，離有空二見以顯平等。第二十八分，著相施不及修無相忍，較量顯勝。第二十九分，來去即無來去而明無礙，即無去來以顯平等。第三十分以依報一多非一多，喻佛身一多非一多，以顯理事無礙觀，即非一多以顯平等，約塵界以破一異。第三十一分，遣四相有無之見以顯無礙，即諸見以見平等。第三十二分，以文字非實相，喻應化非真，結成般若三輪體空，不礙幻有，以顯全經為空有理事無礙之中道，而明持經福勝。

經中先示降住其心，作菩提之正因，後明空有無礙修菩提之正果，攝般若妙用而歸般若本體。由信解而行（即是修）證，淺深次第，井然不紊，若熟讀經文，更閱此要義，一經祕奧，即得瞭如指掌。希行人如說修持，二邊不住，中道不立，各獲金剛如幻三昧。大乘之妙道如此。若執有德販賣佛法，以求名利，則不及著相布施等遠矣。故仍可以財施求法，勿得以法施求財。

# 學佛問答

王居士問：「（上略）《地藏經》云：『現在未來天人眾，吾今殷勤咐囑汝，以大神通方便度，勿令墮在諸惡趣。』而菩薩也不辜負佛陀的咐囑，而發『眾生度盡，方證菩薩，地獄未空，誓不成佛』的偉大誓願云。又《金剛經》云：『若卵生、若胎生、若濕生、若化生，若有色、若無色，若有想、若無想，若非有想非無想，我皆令入無餘涅槃而滅度之。如是滅度無量無數無邊眾生，實無眾生得滅度者。』這種不拘功的無我精神，怎能不叫我不香花供養五體投地呢？」

根據以上所講一個人要成佛果，必須要度盡眾生，真個照此做去，能辦得到行得通否？（中略）要知宇宙眾生何其廣大眾多，欲憑一二人之力量度盡一切，縱有旋乾轉坤之力，事實上亦難辦到。云云：（下略）必是另有玄機，可惜許多講經法師未能參悟究竟也。

靈源答云：「必有玄機一話甚是，我今將其巧妙處分別答之於下。」

## 一、答《地藏經》疑問

欲行菩薩道，須知有三種迴向：

（一）迴事向理（即是迴向真如理性）：將菩薩所做的事迴向修證之理。眾生地獄都是菩薩要度要空的事，反求諸理，先度自性之眾生，先空自己之地獄，見自佛性證自法身。法身離過，不作眾生不墮地獄。故於自己理性上永無眾生地獄之名分，然後成佛。倘有絲毫罣礙，仍舊是眾生也。

（二）迴因向果（即是迴向佛果菩提）：願一切眾生都成佛道，事實雖不可能，所謂虛空有盡，我願無窮。

（三）迴自向他（即是迴向法界眾生）：自己雖證菩提，而不著菩提。雖功齊於佛，而不自名為佛。仍居因位，示同眾生，以度眾生。故菩薩倒駕慈航，果後行因，雖云永不證果成佛，實則成佛久矣。如今之博學者自己雖非博士，已教得許多學生有博士資格矣。

知此三種迴向，判知菩薩之大願如下：

1. 眾生度盡（本無眾生可度）即是迴向眾生。

2.方證菩提（本無菩提可得）即是迴向菩提。

3.地獄未空誓不成佛（本無佛道可成）即是迴向真如理性。理性上本無地獄眾生諸佛，故禪宗魔來也斬，佛來也斬。「度生須是殺，殺盡始安居。」若有一個佛字即是妄想。

## 二、答《金剛經》疑問

須菩提所問的是云何降伏其心，未問度生之法。此一段文若做度眾生的方法解釋，即是牛頭不對馬嘴，所答非所問矣。經云，所有一切眾生之類者，此眾生，非外界之眾生，乃是各人自己心內種種妄想之眾生也。若卵生者五陰色殼包裹是無明瞋恨心。若胎生者男女交媾成胎是貪欲淫亂心。若濕生者，愛則水生是溺愛愚癡心。若化生者，忽有忽無謂之化，是妄想虛誕心。以上四心是凡夫貪瞋癡愛之妄想心也。

若有色者修色界四禪定，想得梵天妙樂心。若無色者修無色界四空定，想得空處天妙樂心。若有想者，修識處天禪定，想得識處天妙樂心。若無想者，修無想無所有處天禪定，想得無所有處天妙樂心。若非有想非無想者，修非有想非無想處天禪定，想得非非想處天妙樂心。此五心皆是外道所修禪定，想得諸天福報心。是心皆有生滅，非涅槃真心。故稱為妄，宜降伏之。

如是滅度無量無邊眾生，實無眾生得滅度者。蓋菩薩立願，但在度生，無有能度所度。能所心起，即有四相，存我能度眾生之心，即是我相。存一切眾生盡滅度心，即是人相。存度盡眾生可成佛道，有所貪著心，即是眾生相。存成佛教化，名聞十方心，即是壽者相。此非菩薩行道度生所宜也，故云實無眾生得滅度者。《佛說淨度三昧經》云：「眾生自度耳，佛於其無益。」若求佛度。下卷云，如是人輩，億佛不能度，況一佛耶。是故人為自度，佛不度人。自度者，即度自性之眾生也。

王君又云：「宇宙眾生何其廣大眾多，欲憑一二人之力量度盡一切，縱有旋乾轉坤之力，事實上亦難辦到等，蓋未知菩薩與佛之力量也。今當再明之。」

在凡依理度自性之眾生，度自心之地獄。在聖依事我不度眾生，叫誰度眾生耶？我不入地獄，叫誰入地獄耶？以度盡眾生為自己之責任。地藏菩薩之力量，與佛之力量相符，釋迦是千百億化身，每一化身要教化一世界（即是一宇宙，或云一太陽系）的眾生。千百億化身，即是要教化千百億個世界的眾生，彌陀是三十六萬億九千五百同名同號化身，教化三十六萬億九千五百個宇宙的眾生，每一化佛皆有化菩薩為伴。故佛菩薩不但要度一個宇宙的眾生，並且要度百千萬億個宇宙的眾生，一二人之力量足足有餘。何耶？蓋佛菩薩之光明如日輪普照，無處不遍。況《楞嚴經》云，佛之光明如百千日，故日光但遍一宇宙，而佛光遍無量宇宙也。汝但知一個宇宙眾生之廣大眾多，用凡情以測聖智，如以蠡測海，以管窺天，妄度菩薩；不知千百億太陽系連整個法界都在菩薩一毛孔中。汝云宇宙之大，佛云微塵世界。微塵國土，以微塵比宇宙，大個什麼？請讀《華嚴經》便知。

**問**：既以宇宙比微塵，佛菩薩身量之大又若何耶？

**答**：佛有法報化三身，法身豎窮橫遍，盡空間時間之量，即以整個法界為身。報身具足無量之相好光明，《十六觀經》云，觀世音菩薩身高八十萬億那由他由旬（那由他此云千億，一由旬合四十里），請以算數算算觀音菩薩的身量吧！觀音菩薩的身量既如此之高，地藏菩薩與觀音菩薩齊名，報身的身量亦必不低也。比之宇宙抑宇宙大耶，菩薩之身量大耶？化身者隨眾生之類應眾生之機，如觀音之三十二應無感不周，如此當知要度盡眾生，並不是菩薩的力量不夠，自是眾生不肯受度耳。所謂佛門廣大，難度不信之人。不信的不能度，無知識的不能度，非佛不度，蓋此等眾生，非是受法之器耳。故《法華經·藥草喻品》云，一雨普潤，大樹小草各得其益，其不獲利益者，自是無根之草木耳。又佛視眾生如一子，父之教子能力有餘，但遇逆子蠢子則說之無益。汝其怪為父之力量不夠歟，故佛有三種不能：

1. 佛能空一切相，成萬法智，而不能即滅定業。
2. 佛能知群有性，究億劫事，而不能化導無緣。
3. 佛能度無量有情，而不能盡眾生界。

此三不能之中定業亦不牢久，久則生變，不信而信，能轉生成熟也。無緣亦謂在一個時期之中，如有許多居士從前毀佛謗佛，而現在皈依三寶。故菩薩度眾生盡未來際而不捨也，眾生界本無增減廓無一人能主其法，有法無主是謂無法，即是無心，但無心能通一切法，若有心有作，作必不普周焉，故空無相無願為三解脫門。然無願而願，不妨阿彌陀佛有四十八願，觀音菩薩有十二大願，普賢菩薩有十大願，則地藏菩薩之大願亦如是也。

何得以有心為善不是真善耶？佛菩薩在因地之中發願既然如此；則吾人學佛亦

應當發如是大願。何得云竟有人發此願想是著欲念也。

（「有心為善，不是真善。」、「竟有人發此願想是著欲念也。」二語皆是王君所言。）

王君又云，發心修持歷劫一節，所言未免過分玄虛，缺乏哲理等語，又答之於下：人性如海，寂照含空，遍周法界本無一物，自無明一起，遂閉於頑鈍之軀，成身口意三業，於是得其根之利者，而眼能辨色，耳能聞聲，兩質相礙見不超色，聽不出聲，遂有山河大地之妄色。有空間即有時間，長為劫波，短為剎那，中間年月日時旋轉不停矣。

劫者業也，由業力所感而受時間的支配，若三業清淨則長劫為短劫，短劫為長劫，隨心所轉本無一定。又由業力所感而受空間的支配，在三界牢獄之中永無出期。若三業清淨，三界本空，永脫輪迴生死。由有世界則在太陽系範圍之內，所以有日月年劫，若一旦徹悟，世界本空時劫亦無。教言經三大阿僧祇劫成佛者，即是須清淨三業，然後成佛也，即身口意三業各須經過一很長的時間然後清淨也。又云經百大阿僧祇劫成佛者，三業開為十惡，每淨一惡業即超十劫，十惡淨盡，即超百劫也。

上依理而論之如此，若據修而言，各人的根基淺深不同，有人為重業所牽，信願不足，行持又懶，故須漸歷多劫多生方可。有人信願堅固，行持精進，則一生成辦。如人讀書，十年窗下金榜題名，有數十年窗下還是一個老童生，此是各人根基天賦之所造。又如有人欲自香港至北平，有錢的乘飛機幾點鐘就到，次則乘火車數天而到，下則步行經年，到點是同而時間相差甚多，此則關於資糧福德之不同也。故學佛人資糧根基大須培植。有上根利智者則一聞千悟，一念超過百劫，如善財龍女都是一生成辦，三身頓圓。

又佛之三身，法身是理可以即生成辦。報化是事，必須經過多劫。學佛人先須悟理，親證法身，此法身者，即是吾人之真性，又名真如，遍塵剎，超時劫，歷千生萬死而不昧。故阿難陀尊者，不歷僧祇獲法身之後，即敢將此身心奉塵剎也。所以宗門徹悟之後，隨波逐流永無退轉。

# 記來果老和尚開示

今將現在一位大徹大悟的大善知識，高旻寺來果老和尚的開示附錄於後。

## 一、悟是沒有悟

（上略）我在金山住了一年，粗妄歇下來了，有一種境界。再二十天，細妄也歇下來了，那一種境界又是一樣，並不算奇特。何以呢？此是工夫上應有的境界，你們工夫用到那裡也會有。十方諸佛歷代祖師，都從這條路線上走的，所以不算奇特。至於粗妄歇下來是什麼境界，細妄歇下來是什麼境界，說與你們聽也是枉然，徒增你們的妄想。你們只要真實抱定一個念佛是誰？死也不放鬆地用，行到這裡，自然會見到。

我粗細妄歇下來將近一個月的那一天，正是九月二十六晚六炷香，一下木魚子打下來，好像半虛空裡翻身，從地下翻到空中，空中翻到地下，有這麼一回事。自此以後一切舉動都與平常不同。對於悟沒有悟我不敢講，但是覺到要嘆兩口冷氣，為何呢？這件事不隔毫釐，為什麼要我吃這麼一番苦呢？既一點不隔為什麼把我埋沒到今天，真正是冤枉之極。還又好笑，笑什麼呢？蓋其他沒有好看處，生死是在我手中拿穩了。將來化緣盡時，我高興生天，就生天上，不高興就不去。假使下地獄我願去就去，不願去就不去。生西方極樂世界，東方淨琉璃世界，去來都隨我所願，也用不著金台來接引，這個我可以做得到。

對於悟是沒有悟。由此以後，有一位首座和尚，這位老人家，本分是很好的，看了我的行止不同，他就把我叫得去。我那時候住禪堂，不什麼問話，何以呢？工夫有得用，去做什麼假圈套。要是真實工夫用到無路可走，你不叫我問我亦是要問。工夫上過不去亦是要問。你指我的路還沒有走完，我是不去問話的。在堂裡挨打就挨打。真實用功當然處處要真，我是這樣不去請開示。

後來這位首座和尚把我叫了去，就問我念佛是誰，叫我道。他這麼一問，我心裡以為問到我家裡來了。譬如你問我禪堂裡的事我還有不曉得的嗎？佛龕桌子止單如何樣子，當然是現成的事。自家的破布衫爛草鞋，伽藍挂子（長衫），他問到那一樣，一手就抛出去。若要沒有進三門，有人問你禪堂裡的事，哪裡能知道呢？所以首座和尚有問，我就有答，都是現成的。他說你已經悟了。我說沒有悟。他說沒有悟是學得來的嗎？我說學也沒有學。那時這麼一來，轟動了金山。當時我覺得不對。搭衣持具到他寮房裡去請他不要如此，我還沒有深入堂奧，請你們諸位老人原諒。

後來有一位某西堂師父，本分亦很好，歡喜用活句子接引後人，就是用機鋒轉語。此法我是不贊成的。因為今時的人根性多鈍，抱住一句話頭死參尚且死不下來，若用活句子更無捉摸。這位西堂師父他要與我談談。有一天他正要洗面，將毛巾提起來問我，這是什麼？我說放下來。他說我要洗臉。我說還要放下來。他弄得沒有口開。我當時並不是爭勝負，總想叫他將活句子丟掉。現今世人根鈍是不可以用，是這個用意。但他仍是不改。又有一天，我到他寮房裡吃茶，他把一個桂圓剝開給我吃，將殼子拿在手裡云：「盡十方虛空都在這一個殼子裡，道一句？」我說盡十方虛空在這個殼子裡，你在什麼地方？請道。又弄得不能下台云，大家都是道人，哪裡有什麼人我。

這許多話你們聽了，並不是叫你們學的，不要弄錯了，是要你們知道這一件事，並不是老不開口的，所以我逼你們道，逼到山窮水盡，到了那個時候，你再不能開口，我還要逼你們的命嗎？

（西元一九四二年冬期打七，密禪記錄）

## 二、真如與妄想分別

未開悟的人，舉心動念，皆是妄想。開悟以後，舉心動念，皆是真如。妄想一動就是一個相，此相生彼相滅，此相滅彼相生無刻或停。若在妄想不停留的中間，提起一個念佛是誰，是什麼形相？用功的人都知道，是沒有形相。妄想不停就是形相不停，於這中間安一個無相的疑情。人的心行上只存一個，哪裡有兩個的呢？所以有了無相的疑情，有相的妄想就沒有了。漸漸用功自然要到純一無相。工夫純一，本參即破，不會再有一點妄想影子存在。到了這步工夫，舉心動念都在這個無功用上。穿衣吃飯，屙屎放尿，任是最忙，都是不失的。

在這個地方立一個名字，叫作真如。真如二字，是對妄想說的。因為離了妄想，說一個真如。無妄想即是無一切生滅念頭。念頭有生滅就是有相。有相的東西，閻王老子一把就抓得到。抓得去變牛變馬，下火坑上刀山，都要聽他指揮。沒有妄想就是沒有形相，閻王老子抓什麼？所以破本參的人，生死已了。破重關的人，一定沒有夢想。蓋夢想不出世事。破重關後，理事俱了，心境雙融，哪裡還有世事在，所以決無夢想。

又妄想有相，閻王老子看得到，就有生死在。真如無相，閻王老子雖然看不到，釋迦老子還看得到，就有涅槃在。既了生死，還要了涅槃，破末後牢關的人，他是昏妄俱除，夢想全滅生死不住，涅槃也不住，連一真法界都要超過。

再則破本參是見法身，破重關是證法身。怎麼說見怎麼說證呢？譬如禪堂，見法身的人，如站到禪堂門口，堂裡的事情看得清清楚楚的，就是沒有走進來。證法身的人猶如進了禪堂，一直就到維摩龕裡來坐下。就如這個道理。所以說破本參是見法身，破重關是證法身，破牢關是透法身。三乘教中證法身就算工夫到了極頂，唯有宗門下要透過法身方才了事。（下略）

（來果老和尚講，密禪記錄）

密禪法師福州人是一位青年有為的僧伽，道心堅固，民國三十一年（一九四二年）在高旻寺打七，記得來果老和尚開示甚多。前在上海普濟寺與源同住，刺血繪觀世音菩薩聖像，斬無名指半節，血流甚多。源又助其繪文殊普賢諸大菩薩數尊云。

# 卷二 淨業綱要

# 從毛病的起源談到治病的方法要念阿彌陀佛

人生在世間上，都有種種的痛苦，貧賤的人有貧賤的苦痛，富貴的人亦有富貴的苦痛。如此生在這個世界上，無論富貴貧賤，男女老幼，國王大臣，總統主席，都各有各的苦痛。苦痛就是毛病。有人說，我是青年，身體健全，沒有毛病，不知道你現在雖年輕力壯，你的病根伏在你的心身中，天有不測風雲，人有旦夕禍福，黃泉路上多是少年人；你現在年輕，就要時時刻刻注意到出毛病。幾多青年人為財為情自殺，此一念之差，走入歧途，遺誤終身，報章新聞時有登載。但我現在對無病人說病，聽到一定是不高興的，若有了病時再說病，已飽受痛苦，不若預防於未然。

普通的病有二種：一者身病，由四大不調而生起來的；二者心病，由貪瞋癡三毒而生起來的。世間上普通的醫院，只能醫世間上的身病，無論中醫西醫內科外科，只能醫治色身上的病苦。對於心理上的病苦，世間上的醫生是沒有辦法對治的；只有佛陀有法可以對治。因為眾生是和合色法與心法而成功的，偏於唯物，或偏於唯心都不是究竟。

要和合唯物唯心二法而成眾生的身體，身與心是離不開的。因身病會影響到心病，心病亦會影響到色身。若身體虛弱，則精神疲勞，心念亦趨懈怠。因心病亦會影響到身體，心為境轉，念動身移，如談醋梅，口中出水；淫念一起，精髓先出。故治身病必先對治心病；心若不正，喪身失命，小則一人，大則一國。故治國安邦，亦先買民心。若失人心，必遭滅亡。故孔子以正心誠意為修身齊家治國的根本。心正而後身修，則身體健康一身沒有毛病。身修而後家齊，則一家和藹快樂，一家沒有毛病。家齊而後國治，此獨指王家，為模範國家，家家皆齊，則國強民富，一國沒有毛病。如是則正心誠意即是治毛病的好方法。

現在報紙上的新聞，差不多每日都有自殺，或家庭不和夫妻反目，情感上不能自由，經濟上不能自由，以致服毒跳海，自找苦吃，以為人死如燈滅，不知神識仍在，後果更苦。根本上就因為平時見聞太窄，沒有修養，不知正心誠意。如何是正心誠意呢？孔子說，致知在格物。物格而後知至，知至而後意誠，意誠而後心正，心正而後身修，身修而後家齊，家齊而後國治，因此可以知道「格物」就是正心誠意的根本，今先明格物的意義。「物」就是世間的物欲，物欲即是貪心，貪心是三毒之首；將貪物欲之心格除，則心中無念，無念之心，即是本覺，成佛的根本。

所以佛所說三藏十二部經，教人學佛的方法，先要皈依三寶：第一皈依佛，因佛是福德與智慧具足的兩足尊，故我們要皈依。第二皈依法，是佛教訓我們的三藏十二部經，其要旨是要我們遠離貪愛物欲，名曰離欲尊。離欲則無貪，無貪則無苦，所以要皈依。第三皈依僧，僧是人天師範，教化眾生的老師，為一切眾生中地位最高的人，曰眾中尊，為堪我們要皈依的。以上所說皈依三寶，即是皈依三尊，世間所最尊的。佛寶能護佑我們，是我們所模仿的。法寶能除眾生一切毛病，是人人要學的。僧寶是人天的導師，學有不懂的地方，就要請教僧寶，做詳細地解釋，使一切眾生得如所依，捨離生死各病之苦。今查得各病的原因根本，即是貪欲。要出離病苦，儒云格物，佛言離欲，離欲即是格物，格物即是離欲。

儒佛所說是相同的，不過修學的名稱，與精進的方法，各有不同。儒教說要正心誠意，禮義廉恥等，各種的修養。在佛亦有各宗各派，禪律密淨等，方法雖多，最直接莫過於念佛，一句彌陀超越八萬劫生死重罪，所以此一句佛號是阿伽陀藥，無病不治的。若因身病而念佛，則身內百病消除，體力增強。若因心病煩惱多、妄想多，種種不如意事而念佛，則因此一念佛號三毒不生，格物致知，塵勞頓除，心身輕安。

但此一味醍醐甘露妙藥，今人多不肯服，服而不真切，以信心不足故，若肯發起真信，一心無有間斷地念，若一日乃至七日，化佛現前，必生樂國。經云：「憶佛念佛，現前當來，決定成佛。」即決定遠離病苦。今人信而不篤，念而不專，久而無效。或向外馳求，縱其物欲，不知前途是苦。若肯迴光返照，如羅狀元〈醒世詩〉云：「富貴欲求求不得，縱然求得待如何？」蓋求得時，此世間欲樂是有限量的。如云：「昨日街頭猶走馬，今朝棺內已眠屍。」樂極生悲，仍舊是苦。與其求得臨時歡樂，不如不求；有智者當如是想。

要求永久之樂，惟有念佛成佛。佛具真常、真樂、真我、真淨，超越八倒。如《大般涅槃經》中迦葉菩薩說，如佛所讚《大般涅槃經》，猶如醍醐，最上妙藥。若有能服，眾病悉除，即得究竟菩提，究竟涅槃，真樂自在。蓋念佛即是念心，不云念心而云念佛者，因為心有生滅，有無明煩惱，凡夫都在此虛妄心中過日子，不堪念也。要求返妄歸真，此真心即是佛性，念此佛性，故云念佛，即念吾人心中不生不滅之真心佛性也。念此佛性，不在根塵妄想中，須除去一切，儒云格物，格除一切物欲，即是迴光返照。達摩祖師云：「一念旋機，還同本得。」此本得即是本具佛性。

徑山覺浪禪師《角虎集》云：「如人身子睡在床上，夢馳萬里之外；或見天堂之極樂，或見地獄之極苦，或見刀兵水火，賊盜劫殺，或迷妻子名利恩愛，或於冤家業障，罪犯臨身，或於朝廷邊塞軍國大事，不勝憂悲苦惱，驚魂駭魄，大叫救苦，阿彌陀佛，驚回大夢，原來身子猶在床上，雖則通身汗下，亦不曾移寸步出故鄉也，安可以他鄉實法會耶？故曰，念念呼醒夢中人，自悟本無生死心。今人睡熟沉酣，不能自醒，必須眷屬親友，呼之推之，錐之劄之，伶俐人，一呼便醒，沉重人，再如推呼；若更睡死沉迷，如皮下無血漢，不免深錐痛劄，入於骨髓。而究其必死之疾，如果死而不返，此一念佛心，猶足為九轉還丹，起死回生，肉白骨而返靈魂。惜乎，世人不知念佛之靈驗如此。」

以上是徑山覺浪禪師之婆心勸人念佛，誠切明白如此，吾人若再不肯服此阿伽陀藥，以救當來，則生為夢中人，死為夢中鬼，六道輪迴，沉迷無有已時。可惜今生為人，得聞佛法，有違佛祖之婆心救世，如入寶山，空手而歸，最可悲歎！

正覺蓮社，提倡一心念佛，發起週六念佛會，以滿一百零八週為一屆，今滿第七屆之辰，想各位蓮友已有不少脫離病苦，得大利益，即今正在病苦中者，亦當各各努力，離欲精進，一生成辦，即今編印紀念專刊，靈源不文，唯祝人人安樂。

# 略談念佛與淨土

眾生有八萬四千塵勞煩惱，諸佛有八萬四千法門，對治眾生煩惱，成為諸佛菩提。佛的度眾生法門雖多，傳到中國來，現在共成五宗，是「禪」、「教」、「律」、「密」、「淨」。到現在末法時代，眾生業障深重，參禪不能開悟，學密三業不能相應，學律不能清淨持戒，是故生死不了，悟道無期。唯有專修淨土，以一心念佛為最初根本修學，即以念佛為基礎，佛念會了，再參禪看念佛是誰，可以明心見性，若一心學密，則三業相應，即身成佛。以念佛為基礎故，一切修學都容易成就。

所以現在有許多人問禪於我，我總教他先把佛念好了，再參禪，看念佛是誰。不念佛的人，善根福德因緣不夠，參禪是不會上路的。此一句彌陀佛號，最好從初學語的三歲孩童，做母親的就要教他念，消除業障，增長智慧。及小兒長大，都在福德智慧增加之中，在家出家都有莫大利益。故此一句彌陀，無論男女老幼，富貴貧賤，都要念念在心，以培養福德智慧。當知此一念佛法門，貫通儒釋道三教，在念佛專心時，一切煩惱妄想都沒有了，這就是道教的「萬法歸一」。歸一之後，即得念佛三昧。「一歸何處」？到一都不可得時，「花開見佛悟無生」，即得無生法忍，即心成佛矣。故佛祖云：「憶佛念佛，現前當來，必定見佛。」

**問：**悟道成佛時，又是如何境界呢？

**答：**儒云，卷之則退於密——「定」。放之則彌六合——「慧」。悟了道的人，開大智慧，能卷能放。可以治國平天下。未悟的人，卷也卷不起來，不能入也放不開來，無大智慧。又悟道的人，照見五蘊皆空，度一切苦厄。未悟道的人，照見五蘊皆有，受一切苦厄，在生死中不能解脫。悟了道的人，色不異空，空不異色。未悟的人，色空隔礙，不能相即。悟了的人，無眼耳鼻舌身意，無色聲香味觸法。未悟的人，有眼耳鼻舌身意，有色聲香味觸法。如是乃至悟了的人，無有罣礙，無有恐怖，遠離顛倒。未悟的人，一切都有，在顛倒中過日，苦惱萬分。故吾人要想修心，非念佛不可。

又世間上所有之法，大分為二：一是色法，一是心法。色法是有形的萬有現象，心法是無形的精神活動。在物質方面，粗的如山河大地，細的如原子、質子、電子、核子，小的非顯微鏡不能見。但粗的力小無能，細的爆炸開來，力量極大，可以毀壞全世界。物質方面如是，心理方面亦然。粗心大意不能發明科學物理化學，一定要細心追思，才可發明。但科學家所用的是妄想，佛教所修的是要離開妄想。方法是用念佛的一句妄想來推翻一切妄想，到後來一切妄想都沒有了，唯有一念彌陀，到此境界即是「萬法歸一」。到後來妄想全空，一都不可得。在唯精唯一時，忽然觸境爆炸，如原子彈發作，大徹大悟，即見自性彌陀，大開圓解。放之則彌六合，一生大事畢矣。如是則憶佛念佛，現前當來決定成佛，念佛的功用如此。生西方親近彌陀，是決定靠得住的，只在吾人肯真實去念耳。

## 一、為什麼要念佛呢？

這個世界在佛經上說是娑婆世界。娑婆的意思，翻為忍土，說此土的眾生，強於識力，能忍苦樂，堪任道器。釋迦如來，在此世界，成道度眾生，已經有八千返了（見《梵網經》），但我們從無量劫來到現在尚做漏網的魚，甘沉生死苦海，辜負世尊的深恩多矣，今尚不覺醒回頭念佛，生死之苦是永無窮盡的，我自己深感業障深重，但尚能領略一點佛法，現在盡個人的管見，略寫幾句如下：

今先將「念」與「佛」二字先略略地解釋一下。佛字的意思，就是覺者，即覺悟了我們本具的真如佛性，眾生不覺故沉於生死長夜，無明黑暗的大苦海，諸佛覺悟了，就是打破無明黑暗，親證本具的大光明藏的心性妙海。佛與眾生就在覺與不覺之間的分別，我們人人有心，人人都可以覺悟，所以我們人人都應當學佛，要學佛第一步即是要念佛。《華嚴經》中善財童子五十三參，初參德雲比丘時，德雲比丘就教他念佛如同小孩子初生下來，學講話時第一句先學叫媽媽是一樣的，所以吾人學佛先學念佛，如叫媽媽一樣，因為佛陀法乳之恩最重大之故。念佛憶佛，現前當來決定成佛，若不肯念佛，是決定不會成佛的。念佛就是念覺，一念佛一念覺，念念佛念念覺，念到心即是佛，佛即是心，心與佛打成一片，即同諸佛一樣地打破無明黑暗，親證自己本具的大光明藏，才算成功。

念佛這一個念字，是人有二心，一心則不亂，二心則心動，心動即是生死。《大乘起信論》說，無明不覺故心動，動則有苦，果不離因故。所以這個念字，就是生死的根本；念字就是妄想、思慮。有思慮有妄想就是凡夫，我們一天到晚都是離不了思慮妄想，有時念財產，有時念名利，有時念父母妻子，有時念飲食起居，有時念貪瞋癡，有時念殺盜淫，總之，一切是是非非總念個不停，沒有一刻兒停止的，就是倦了睡覺，猶在夢想顛倒。所謂一呼吸間有九十個剎那，一剎那有九百個生滅，生滅就是念的不停，所以我們叫作眾生。眾生二字，就是眾妄相生，眾苦所生，苦惱到極點了！縱許你榮華富貴，也難免受妄念所召的生老病死之苦！就是你生到天上，做一個天王，福報享盡了，也仍舊墮落下來受苦。所以經云：「三界無安，猶如火宅。」佛用天眼看見眾生枉受六道輪迴的苦，發大慈悲心，說種種方法教化我們，要我們出三界、離火宅，方法雖多至八萬四千種，最要緊的目的，就是將我們把所有的妄想收束起來，在一個覺念頭上，這個念頭，就是念佛。

《佛遺教經解》說：「制之一處，無事不辦。」此理不但佛法如是，即世間科學家發明家，研究一種機器，發明一樣東西，也是都要集中思想，一心考察，才能成功。佛法是了生死出苦海的大道，若不制心一處當然是難求成功的。故《阿彌陀經》說：「若一日、若二日、若三日、若四日、若五日、若六日、若七日，一心不亂，其人臨命終時，阿彌陀佛與諸聖眾現在其前。」所以吾人學佛，只要念頭專一，決定可以明心見性，了生死，成佛道。若今生不能成辦，但迴向淨土，臨終決定可以往生西方極樂世界，親證一生補處所言專一者即是一心念佛，若不肯念佛，儘是打著其他的妄想，即就是念眾生，念眾生，念諸佛，一垢一淨，一苦一樂，乃是隨我們的選揀，若說我不念，即是萬萬做不到的，除非已經成佛。

有許多人，不肯信佛念佛，說信佛念佛是迷信，這大約有三種的原因：1.天無二日，這個太陽系以外，哪裡有什麼百億日月，百億須彌呢？這個世界之外，哪裡有什麼極樂世界呢？不過似莊生寓言罷了。2.人死如燈滅，形壞氣散就完了，哪裡有什麼升沉苦樂，六道輪迴呢？3.不信人人有佛性，人人可以成佛，以為我們都沒有親自看到有人成了佛，顯大神通的。有以上三種的原故，又因常人知識不夠，當然也就不容易相信。譬如朔北的人，不信有萬斛的舟，而賈客常常乘坐。江南的人，不信有千人的帳子，而胡人日日居住。今日的電器飛機，在五六十年前亦必不信，而現在的人，卻是日常所見。以此類推，此世界之外，尚有許多世界，你們不信，而科學家已經發現了。而佛菩薩早已交遊熟識，自必不虛。那麼極樂世界，決非寓言可知了。不可以說我們眼目所不及，遂決其無有了。

諸佛菩薩，有天眼通，有宿命通，明見洞徹，十方世界，六道升沉，無所不見，一一遍知，發慈悲心，來告訴我們，要我們亦同佛菩薩一樣地離苦得樂，覺悟自己本有的大光明藏，證真如實相；這種大恩，我們報答不盡的，豈可以不信麼？

不信佛說，就是不信自己的佛性。辜負佛菩薩不要緊，辜負了自己的真如佛性，則太可惜太可憐愍了。如斑鳩之笑大鵬，蟪蛄不知春秋，莫說沒有淨土，自是自己的見識太淺。現在我們再說要念佛的理由：第一、我們知道自己有佛性，決定可以成佛，所以要念佛。第二、極樂世界是我們的家鄉，阿彌陀佛是我們的慈父，為憶念慈父，速回家鄉故，所以要念佛。第三、為愍眾生苦故，要自度度他，所以要念佛。第四、極樂眾生，光明正量，壽命無量，一生補處故，所以要念佛。以上略舉四種，如果廣說念佛的緣因，則請大家研究淨土的經論。

向下再設問答。

**問**：你說念佛好，念佛可以當飯吃嗎？念佛可以當衣裳穿嗎？一句佛號既不能當飯吃，又不能當衣裳穿，念佛何用呢？

**答**：吃飯穿衣是生活上的問題，念佛是修養上的問題。兩種的目標不同，一在色身上，一在心性上。若只知道吃飯而不知道修養，是個粗大漢，不懂為人趣向，與畜類何異？

**問：**修養的方法甚多，何必要念佛呢？

**答：**一切宗教，各有其修養的方法，但佛教為一切宗教之最勝，念佛又在佛教中之最勝方便。所以說修養的方法，最好是念佛。念佛有什麼好處呢？1.精神上得大安慰，不為諸雜亂煩惱之所紛擾。2.了知緣生性空，不起人我是非之鬥爭。3.因心理而影響生理，精神體力皆獲健全。4.現生三業清淨，命終得生淨土。略說有此四種，廣生則利益無窮。

**問：**你說念佛好，豈不耽誤了我們的生產嗎？

**答：**生產是屬於生活問題，生理上的補助。念佛屬於心理上的。兩手兩足儘管可以工作，心理儘管可以念佛，怎會影響生產呢？百丈禪師一日不作一日不食，禪既處處可參，佛亦處處可念，所以生產念佛是兩不相妨礙的。如王鐵匠打鐵念佛，不僅生產無礙，而且樂而忘倦呢！精神上既無痛苦，工作上不是更加努力吧！故念佛既不妨礙生產，反增加生產，所以我們要念佛。若勞心費神地工作，如公務人員等，則可在早起時，或臨睡時，靜坐一小時，默念彌陀，借此放下煩惱，息養心靈，自然可以心安理得。故一句佛號，具有極大的功德，並含有無限利益的功能。

## 二、信滿成佛

淨土三資糧，信為第一。圓教十信滿心，便成正覺。信願行三種發心中，第一是信成就發心。孔子曰：「人而無信，不知其可也。」

人生在世，最重要的就是人格，做人若無人格，便是下流，人格二字，就是人的品行，人的品格與行為，是做人的立身。孔子教人，以仁義禮智信，他說的人而無信，不如其可也。信字尤為人格上的根本，耶穌有浸信會，以信耶穌得救。佛則信為道源功德母，所以一切宗教之所宗，都著重在信字，以信心充足，故必能發願實行。所以願即願其所信之目的，行則行其所信之事，事隨所行，行其所願，願隨所信，故信為願行之本，信因果，信事理，信自他，信心所至，願行隨之，故信為道源功德母，真實不虛。華嚴善財參勝熱婆羅門，爬上刀山，跳下火坑信也；世尊因地捨頭目骨髓信也；菩薩外施、內施、竭盡施信也。即信得捨此色身及世間資物，的確可以求得佛道，空諸所有即能見性。

信有正信、邪信、迷信。迷信者迷於財色，或致為賊為盜，他信偷盜必能成功，必能發財；或偷香竊玉的風流快樂，就去昧著良心地做惡事，此皆為財色所迷信也。

邪信者，如信鬼神，即得鬼神之感應，以信鬼神與佛無異，以鬼神之靈感較佛更迅速也。我今做一譬喻，鬼神實比佛更靈也。如世間，國王總統及文武百官，人民有少事求國王、總統甚難，若求區長、所長立時見面，立時辦理。此求區長所長比求總統國土易也，求佛不靈，如以小事求國王總統，求鬼神即靈如求區長所長，若以國王總統不及區長所長，此愚之甚也。

若以生死大事，非鬼神所能解決，志心念佛，求生淨土，此乃求佛之正信，餘皆邪信也。若一心不二，則心空而及第矣。

今有學道故事一則，以明信心的成功。學道求仙是我國自古以來有的，人間流傳的圖像是：有一位劉操字海蟾，掛著一串錢，大陸上中藥鋪的門面上多有此像，大家都說「三腳蟾，劉海釣金錢」，說是這麼說，但不知道他為什麼，要掛著金錢把三腳蟾背在肩上。

我今略說他的因緣如下：劉操字海石又字海蟾，唐朝人，曾為顯宦，信神仙可學，負金出外求訪仙人，遇一道士，自稱已仙，操深信不疑，遂禮為師，遨遊山水，一日行至山嶺，有萬丈懸崖石壁，有樹橫生崖上，道士以操行囊包袱中有多金，久已有心害操，見此崖此樹，以為時機已至，即指樹曰，此是仙樹，欲求神仙，你當放下包袱，爬上此樹，操以求仙心切，信心不疑，遂放下包袱，爬上此樹。道士說，掛下兩腿，操依言垂下。道士又云，放了左手，再放右手，操一一照行，遂從樹上跌下懸崖，道士正喜其愚，將俯拾包袱，見操墮至半崖，忽有五色彩雲一朵將操托起，飛往天上，真的成仙去了，道士見此奇跡，亦不要包袱，爬上此樹，自叫放下兩腿，放下左手，放下右手，亦跌下懸崖，跌斷了一隻腿，痛死崖下，轉生為三腳蟾。

時操乘雲飛至靈霄寶殿，見玉帝求封。玉帝云，你信心功滿，本可封你作仙宮，因為師恩未報，且先將師恩報後，當封你仙官也。操遂再來人間，至懸崖處，尋師報恩，見其師已轉生為蟾，遂將長繩懸食物以釣此蟾，但此蟾不肯上釣。操想我師在生時歡喜金錢，遂穿金錢一串以釣之，即釣起來了，負在肩上帶往天庭，人間留此勝跡，許多地方都有此圖像，以莊嚴門面，以表不忘師恩。

此故事是以信心不二，而作神仙，若在佛教，如善財五十三參，遇勝熱婆羅門，爬上刀山，跳下火坑，不顧身命，忘卻生死，勇往直前，才獲得種種三昧，此一念信心不移，願行隨此信心而成滿，故云信為道源功德母，信滿成佛也。若信心不充足，遇真菩薩亦當面錯過（如杜順和尚弟子）。若信心一致，遇凡僧亦成佛道，古來佛祖之師，未必人人悟道。正因充足，緣了自然易辦也。故云三分修行，七分感應，所不能者即自不發道心，信如輕毛，無此三分功德也。吾人自問當知，有十足的信心否？若已有十足信心，滿願成佛，真實不虛也。

## 三、淨土漫談

佛法是人生的哲學，建設在心地上。二千五百餘年來，一切宗教，一切學說，更無超過於佛學者。不學佛，不知人生的歸結，空過了人生。佛教是世界上最需要的宗教，略言理由有三：1.佛教是和平的，以戒殺為第一故，不殘殺則不鬥爭，不鬥爭即和平。2.佛教是和平的，以不偷盜為第二故，不偷盜即不侵犯，不侵犯即和平。3.佛教是和平的，以不邪淫不妄語故，不淫妄則不惑騙，不惑騙即和平也。一家和平則一家快樂，一國和平則一國快樂，世界和平則世界快樂。此世界和平安樂，則五濁惡世即成五清淨土。但此世界是永遠不會和平的，佛教是盡其人力，於此世界提倡和平，故佛教發展即是人類的真福音。

佛教對機之不同，有顯有密，有禪有淨。修學雖各自不同，但結果總不外淨三業而歸四種淨土。故自初發心乃至信住行向地、等妙二覺四十二位法身大士（十住、十行、十向、十地、等覺、妙覺），都要由生淨土，再來娑婆度眾生，不生淨土不能成佛，淨土之重要可知。

淨土分二；有理上的淨土，有事上的淨土。

所謂理上淨土者，即是淨自心地。以土喻心，心如大地，地能長養萬物，動物、植物、礦物，皆從地而有。喻心能長養業果，天堂、地獄，成佛度眾生，都由心而造。地能荷載萬物，更重的東西，放在地上，地都不嫌其重。心能包羅萬象，科學哲學物理化學，一切宗教學，更多的學問，學在心中，心都能受，不嫌其多。心惡則土穢，即是三途。心淨則土淨，即是四聖。人在穢淨之間，可穢可淨，穢淨二念，都在一心，升沉由業，業由心造，三業清淨，必生淨土。

所謂事上淨土者，實有其事，不屬寓言，分為四種：1.凡聖同居土：七寶莊嚴，清淨快樂，九品同居，海眾濟濟。2.方便有餘土：七寶妙土，莊嚴融通，無量聲聞，滿於空地。3.實報莊嚴土：行真實法，感殊勝報，毛剎相容，身土無礙，是法性菩薩所居。4.常寂光淨土：性色雙融，理智一如，常住真性，寂然徹照。是毘盧遮那清淨法身佛所居。

淨土修法，顯密不同。顯教修法，即今之淨土宗。專以西方彌陀淨土為目的，重在他力。密教重在自力，兼求他力。又禪宗自性彌陀，唯心淨土，偏重於理。密宗則以理合事，即事即理，想我此身即是佛身，為佛教最上一乘。以發菩提心，行菩薩道，為根本修因，願將自身所修功德，完全施與眾生。十方眾生，一切業障災難病苦等，均歸於我為之代受，只要眾生都成佛，我願入地獄代一切眾生受苦。

**問：**修行的人願生淨土求自成佛，豈有願入地獄之理？

**答：**願入地獄與自墮地獄不同，願入地獄如地藏菩薩不受業障驅使。如善於游泳的人，自願投入水中，不為水所溺，反以水為樂。又顯教淨土宗須往生西方，得見阿彌陀佛，授記後，方能成佛。密宗淨土，即身即阿彌陀；未得彌陀授記，即能成佛，唯密教專攝上根，顯教則三根普利。但無論學顯學密，總以信心真切為本，若有疑心則均不能往生。其品位之高下，與花開見佛之遲早，乃因菩提心與信願大小之所由定。所別者顯教淨土宗，平時修持，人佛分之為二，故見佛有遲早之不同。密宗修法人佛合而為一，故有即身成佛之證。若禪淨雙修，顯密並進，猶帶角之虎，萬修萬人去，成佛更有把握。

**問**：淨土十方皆有，為何但向西方耶？

**答**：十方諸佛，皆願普度眾生，其功德相等，唯阿彌陀佛誓願超勝，適合於娑婆眾生之機。修其他淨土多賴自力，需要證到二地以上之菩薩果位，方可隨願往生。修西方淨土者多賴佛力少賴自力，或少賴佛力多賴自力，只要一心求佛，縱具縛凡夫，亦蒙佛接引，帶業往生。如讀《華嚴經》願往生華藏世界，或願往生其他淨土，若自力不夠，無往生資格，可先念彌陀，往生西方淨土後，阿彌陀佛再按行者誓願，以佛力轉送於行人願生之淨土。賴佛力為階梯，任何淨土都易往生。

**問**：依阿彌陀佛，若一日、若二日、若三日、若四日、若五日、若六日、若七日，一心不亂，方可決定往生。但吾人世務憧憧，終日奔忙，衣食不暇，且人命無常，一口氣不來，便是來生，或忽得急病，尚未能念到一心不亂，不知臨終後，亦能往生否？

**答**：修淨土以信願行三字為主，信願真切，雖功德淺薄，亦可往生。若信願不堅，往生心不切，雖平時修功甚大，亦難往生。如是三資糧是最要緊。只要有三資糧，即可乘彌陀大願船，直達極樂世界，不負來此世界做人一番。

# 淨土三學與三資糧

## 一、淨土三學

淨土，為學佛人的總目的，無論顯教密教律宗禪宗，總不外淨三業而達歸宿四種淨土的目的。故自初發心乃至信住行向地、等妙二覺的四十二位法身大士，無不以修淨土度眾生，為究竟菩提圓證涅槃的指歸。淨土二字，即是淨心土淨自心地的意思，以土地喻心者，乃因地能長養萬物，動植礦都從地而有，而心能長養業果，天堂地獄，六凡四聖，成佛度眾生，都從自心造起亦復如此。同時地能荷載萬物，更重的東西，放在地上，地都不嫌其重，而心能包羅萬象，科學哲學物理化學，一切宗教學，許多的學問藝術，在心中也無不含受，不嫌其多。故心亦如地之廣大包羅。僅就心因果地來說心惡則土穢，即有三途之苦；心善則土淨，即有四聖之樂。人在穢淨之間，可善可惡，可淨可穢，淨穢二種念頭，即在現前一念之中。欲生淨土樂國者，當學佛法，欲離穢土苦世者，當學佛法，佛法雖有三藏十二部之多，總括起來，可以戒定慧三字系之，現在欲推淨土之源當然由戒定慧談起。

## （一）戒為淨土之本

不持戒決定不會生淨土。如來出世，戒德為基，止一切惡，修一切善；惡止而心體清淨，善生則身相莊嚴。清淨莊嚴，即是淨土的境界，所以戒定慧三無漏學，戒為第一。初進佛門，即要三皈五戒者，即是達淨土第一步驟，有戒然後才有定，定字即是一心不亂的意思。如來在世時是以佛為師，如來滅後，乃以戒為師，現今的時代，羯磨不行，所以稱為末法，到處講經說法者甚多，講律的律師卻甚少，很多人提倡淨土，只言帶業往生的方便，不肯由基層戒因植起來如實修持，不知往生雖有帶業，如無力淨三業，亦無法獲得淨土之果，彌陀雖大開方便門，設下品的帶業往生，但不是說不必淨業可以隨便帶業，所以發上品心者，中品的生處必有其分，求中品者，下品生處必有其分，若但求下品則願行不切，心力不足仍留在娑婆。相反，不肯淨三業而妄說帶業往生者，實在離三途不遠；因破戒無行之人，人天之報尚難，況想生淨土之佛國乎。

## （二）定為淨土之基

無定力決定不能生淨土。定，即是心注一境的意思，乃是內心摒除妄念，攝持正念，不為妄境所搖動。它是六度中的一度，如果無定則不能獲得打成一片的智慧，再進一步說無定則不能成佛，最起碼來說無定則易為妄境所轉，更易為業緣所牽，當然無法往生西方，花開見佛和悟無生法忍了。所以淨土之因於持戒之外，尚須修定。有定之後則生智慧，智慧一生，則破心中之魔軍而至明心見性，西方淨土之金台穩坐矣。

## （三）慧能破我法二執

無智慧不能生上品。自了生死，不度眾生，悲心不大名曰小乘，焦芽敗種，滯於空寂，佛所呵責，所以有了定學之後，更需要慧學。《觀無量壽經》云，行者當讀誦大乘方等經典。即是為開發智慧而說，有慧則不執著，不執著，則我法二執俱空。《小品般若波羅蜜經》薩陀波崙云：「我聞般若波羅蜜，斷諸有見。」即是此意而智慧乃離四句，絕百非之主觀真理的默照，有它則可生上品上生，不然即無法達到最高淨土的理想，要義有三：

1.念佛時：當知無能念者，心相我相俱無。

2.念佛時：無所念之音聲佛號，及一切境界，有境界亦不執著。

3.念佛時：無能所之分，縱然方便妙境及小小神通發現，亦不著有。

此三點，念去漸漸破主觀我執入於空理，名曰證「無生忍」；其次破客觀法執入於空理，名曰證「無法忍」。獲證二忍後即可不離娑婆而即生極樂，自性彌陀於一念中即全體顯現，西方之上品蓮台則穩然安坐。

## 二、淨土三資糧

事實上極樂世界，離娑婆有十萬億佛國土之遠，飛機輪船都無法能到，可說生西是極艱難之事，約理上說，土不離自心，自心清淨，斷除十惡，具足信願行三資糧，即可乘彌陀大願船，超十萬億佛土之力。如行軍備足糧草，乘船有了旅費，則可決定能到達目的。所說三資糧者：

## （一）信為第一資糧

信為道源功德母，信能出離生死苦，信能長養諸善根，信為菩提做基礎。世間惡事非信尚不成就，何況發心生淨土耶？信有信自、信他、信因、信果、信事、信理六種。

1.信自：信真如本有，信妄想本空。即信得自己本來具足正因佛性，有成佛之可能，佛說：「大地眾生，皆具如來智慧德相。」我亦是大地眾生之一，我相信我決定可以成佛。此如金鑛必定可以煉出真金來。

2.信他：信釋迦與彌陀皆是究竟果佛。知真本有，已經知到究竟，達妄本空，已經空到究竟，一究竟一切究竟，究竟不虛。故四十八願願願是實，所云，攝受眾生，接引生西者，乃是決不妄語，決不誑語，我們應當要深信不疑。

3.信因：一稱南無佛，皆共成佛道。散亂持名，猶為成佛種子，何況淨念彌陀，已植正因種子，信因有三：真如本具平等佛性是成佛的正因，精修普行六度萬行是成佛的緣因，憶佛念佛當來決定成佛是成佛的了因。三因圓具，即可往生而至成佛。

4.信果：《淨土聖賢錄》中所載所說的賢聖僧與男女居士的往生淨土的事蹟，

皆是真實不假，古人可以成功，我們亦決定可以成功的。

5.信事：信彌陀化身，西方極樂世界，在十萬億佛土之外，必有其事，決非寓言，如經所說，真實不虛。九品往生，皆有事實。等於現在天文學家所說太空中有許多星球，有些星球中已有動植物等存在，決無虛妄不實。

6.信理：信自性彌陀，唯心淨土，十萬億佛土之遙不出現前一念心之外。以心無外故我心佛心，各自互遍。

生佛本來平等，故初發心，便成正覺。說念彌陀，即念自性，自性本來無念，故向無念處念，即是念佛。了知自性彌陀，即是本來面目，又名真如實相，名異體同。執名迷義，便分門別戶，偏理曰禪，執事曰淨，禪淨雙熏，則理事無礙，號曰帶角之虎。又理是真空，事是妙有，理是虛事是實，理是無為法，事是有為法，即理明事，事不在理外，即事顯理，理仍在事中。

然眾生自無始以來，執事迷理，皆在有為法中虛生浪死。今欲出有為而學無為，故與無始以來之習慣性不合；但上根者仍可放下即是，只中下者較為困難耳。故執理廢事，不如執事廢理，寧信西方之彌陀，各念迴向，毋執惟心之淨土，默默參求。寧可著有見如須彌山，不可著空見如芥子許。故云，參禪人不可以不念佛；

念佛人可以不參禪。如是所以禪教律密皆當結歸於淨土，念佛三昧寶王，總持一切三昧也。

由以上的信解，於自於他，於因於果，於事於理，都無疑惑，則依信發願，依願修行，願行真切，皆從信字生起，故三資糧信為第一，信滿成佛。信解如眼目，願行如兩足，上品上生決定可以成就。

## （二）願為第二資糧

願，就是毅力，換言之即所修所學願到之目的地是也。一切諸佛菩薩都有願力，如阿彌陀佛有四十八願；觀世音菩薩有十二大願；普賢菩薩有十大願王導歸極樂。《華嚴經．普賢菩薩行願品》云，是人臨命終時，最後剎那，一切諸根悉皆散壞，一切親屬悉皆捨離，唯此願王不相捨離，於一切時引導其前，一剎那中即得往生極樂世界，到已，即見阿彌陀佛、文殊師利菩薩等。可知世間一切財產、妻子都歸無常，至臨命終時，一樣都帶不去。但修行念佛的願力——淨意業，卻可以帶去，此即所謂近其道則其道的意思，現在能夠三業清淨，當然會即生淨土的。從前上海有淨業社，導人共修淨業即是加強意志的毅力。在業果方面說造惡業則墮，造善業則升，而十法界之果卻由一心志願所造，淨土自然也不例外，尤其臨命終時的一剎那時最要緊的關頭，這一剎那的得力處，全靠平實的願行與能力。若平時發願不切，一剎那不能一心，為其他善惡境界所轉，則仍滯娑婆。故無願的人不能生淨土，有願而不切亦靠不住。

## （三）行為第三資糧

行，即是行持。乃念佛的「行為」與「修持」也。此中有「正行」與「助行」二種，念佛精進是正行，六度是助行。有正行必須有助行，經云：「不可以少善根福德因緣得生彼國。」持名念佛，是有善根人；廣修六度，是有福德人，自利利他，則善根福德可以具足。故普賢萬行，凡有利益於自他則無不興崇，若愚癡慳貪不知行所應行。臨命終時，心念財產五欲，則決不能生淨土。若破戒犯齋，當然往生地獄有份，若瞋心不斷，當然轉生下墮修羅。若懶惰懈怠，仍滯留在娑婆。所以欲生淨土，是不可以少善根福德因緣，應當時時不忘正助二行，如果僅有信願而無行持，則決定不會往生淨土。

如上所說，三種資糧，如鼎三足，缺一不可的。唯願共修淨業的同人，同依戒定慧三學，同備淨土最根本的三種資糧，時時彼此互勉，庶幾他日能於西方淨土共會一處也。

# 如何念佛決定得念佛三昧

## 一、釋佛字知學佛的原理

佛者覺也，不迷之謂。覺有覺體，真如性故，圓成實故。迷無迷體，依他起故，遍計執故。無體之執，對境而有，可以破除。有體之覺，亙古亙今，不生不滅。所謂覺體者，即眾生與諸佛平等本有之真如佛性。在佛謂之法身，在眾生謂之靈魂。人人具足，個個圓成。出纏之時稱究竟覺，在纏之時名為本覺，亦號如來藏。蓋吾人心裡，本有如來藏於中也。因迷自性故，流轉生死，號曰眾生。生必有死，言生可以攝死；死未必生，如入涅槃。故不言眾死而言眾生也。

**問**：所言覺體者，其相何等耶？

**答**：《大乘起信論》云：「所言覺義者，謂心體離念。離念相者，等虛空界，無所不遍。」蓋有念即是無明煩惱，種種分別妄想。吾人從無始以來，未曾一刻離此。

故醒則分別計較，眠則夢想顛倒，沉則昏睡，掉則妄想，神識無主，迷卻正念，謂之眾生。今吾人知輪迴之苦，欲不作眾生，而成諸佛，必須離念，離念即覺，覺即是佛，《楞嚴經玄義》所謂「狂心頓歇，歇即菩提」。《華嚴經》偈云：「若有欲知佛境界，當淨其意如虛空，遠離妄想及諸取，令心所向皆無礙。」、「若有欲得如來智，應離一切妄分別，有無通達皆平等，疾作人天大導師。」

相者，所謂義相，即「遍」、「一」義。此二義即是覺相。「遍」屬於事，此覺體遍於一切事中，故山河大地盡是法王身。眾生是諸佛心內之眾生，諸佛是眾生心內之諸佛也。「一」屬於理，十方諸佛，六道眾生，總十法界同此心體。《華嚴經隨疏演義鈔》云：「十方諸如來，同共一法身，一心一智慧，力無畏亦然。」、「心佛與眾生，是三無差別。」等是也。又云，諸佛將眾生心為佛，眾生將諸佛心為眾生。斯則生佛之心本同，但情生智隔，相變體殊，當其迷也有隔，當其悟也無殊。異在迷悟之間耳。雖即心即佛，唯證者方知。言等虛空界者，約等虛空之普遍，非等虛空之渺冥無知也。《楞嚴經》云：「空生大覺中，如海一漚發。」故心包太虛，量周沙界，而虛空尚在吾人之自性中，法爾如是。但吾人一迷則局於一色一身，諸聖一悟則遍於全色全身。吾人既知覺體之大，故應當學覺。

覺有二義：1.覺察，覺察煩惱賊，以鑒俗故，名如量智。2.覺悟，從無明睡覺，以照真故，名如理智。又覺有三義：1.覺察，如睡夢覺，如人覺賊，賊無能為也。2.覺照，即照理照事也。如蓮花開，照見自心，一真法界「理」，恆沙性德「事」，如其勝義，覺諸法故。3.妙覺，即上二覺，離覺所覺，故為妙耳，更非別覺故。經云：「無有佛涅槃，遠離覺所覺。」又覺性無覺，即根本智，覺性歷然，即後得智。

又佛具三覺：所謂自覺、覺他、覺行圓滿。自覺者，悟性真常，知真本有，了惑無妄，達妄本空，異凡夫之不覺也。覺他者，以己所覺，令他人覺，運無緣慈，度有情界，異二乘之自覺也。覺行圓滿者，知真本有，知至究竟；達妄本空，達到究竟；窮源極底，行滿果圓，異菩薩之分證覺也。

又自覺者，即覺吾人之自性，與諸佛無二無別；我既具足諸佛之理，我決定可以成佛。屬於理性上，由空觀而得。覺他者，即將自己所覺之理，以之教化他人，依理成事，由假觀而得。覺滿者，自覺覺他都達到究竟，理事具了，由中道第一義諦觀而得。

佛有因佛果佛，因佛者，如云，初發心便成正覺，悟佛之理，而未達佛之事，名字佛也。又十信滿心，便成正覺，相似佛也。十地親證法身，分證佛也。果佛者，三身頓圓，萬行俱滿，五住究竟，二死永亡，究竟佛也。三身者即法身、報身、化身，別相說，各自不同。圓融說，則三身皆是法身：化身為應化法身，報身為功德法身，法身為離垢妙極法身。故三身一際：報化色即是空，法身空即是色。應化身應凡小故。報身修行功德圓滿至究竟故。行彌法界即普賢大行，智彌法界即文殊大智。大智無法不知，大行無生不度。智行一圓滿一切圓滿，故曰功德法身。

（上釋報化竟）

離垢妙極法身，與清淨法身有異。「清淨法身」十法界眾生無二無別，本自清淨，無垢無染，屬於性德。「離垢妙極法身」為修德圓滿，顯出本來清淨。在眾生分上無染而染，已被染污，故必依法修行。若得三障淨盡，二死永亡，方曰離垢妙極法身。

凡小以釋迦為報身，則法化不分。菩薩知釋迦為化身，亦知三身一際，又號如來者，乘如實道來度眾生。今佛之來亦如古佛之來，此依體起用也。寂照不二名如，悲願不捨名來。凡夫來而不如，二乘如而不來，唯佛如而能來。

## 二、說念佛知學佛之方針

佛字既明，未知要如何念佛耶？蓋法身流轉於五道，名曰眾生。真如既可隨染，亦必可以隨淨。若信得自性隨造作緣成十法界之妙，就能隨佛法界之緣而一心念佛矣。然念佛有理有事，隨自根器之相近，努力精進，必獲利益，今分明之。

## （一）約理念佛

理上念佛，即是實相念佛，莫向他求，心即是佛。自性彌陀，唯心淨土，心淨即是土淨，故念彌陀，即念自性，自性本來無念。《大乘起信論》云：「所言覺義者，謂心體離念。」故念自性當向無念處念。所謂「有念念至無念處，無能念之心，無所念之佛，能所雙亡，方是覺體也」。《小品般若波羅蜜經》云，十方諸佛為薩陀波崙說般若波羅蜜者：「所謂於諸法無所念，我等住於無念法中，得如是金色之身，三十二相、大光明不可思議智慧。」諸佛既以無所念而成佛，住於無念法中，吾人亦當如是學。

就用吾人現前一念之心，所謂知覺之性，與一切境界之性，無分彼此，不分內外，無是無非，無念而念，是真念佛。不以色身及相好念佛，繫緣法界一相，就是一行三昧。又無念即是無見，無見而見，即是法身，法身即是實相。《楞嚴經》云：「知見立知，即無明本；知見無見，斯即涅槃。」《新華嚴經論》云：「見在即凡，情亡即佛。」三祖《信心銘》云：「不用求真，唯須息見。」見之過患，可謂至重，說到這裡，且舉一則公案，證明無念無見之妙。

《景德傳燈錄》：令休禪師遊五台，志求神悟，經行林間，遇一異僧。師叩首曰：「聖者，某嘗聞文殊大士住五台，我既遍求，了無所見。」僧曰：「汝安能無見乎？汝當有見，是以不見。汝之無見，亦是見耳。若果無見，斯見文殊，見汝舉足時，踏破文殊面門。抬手處，捉著文殊鼻孔，有什麼迴避處？」休曰：「然則山河草木是文殊耶？」僧曰：「若道山河是者，則二文殊。若云非者，則為妄語。於中實無是非二相，且汝無始至今，在文殊眼睛裡虛生浪死，遊山玩水，文殊只在汝眉睫間轉大法輪，汝曾不委。休聞有省。」

此一則公案，雖說文殊，當知文殊與彌陀名異體同。十方諸佛同共一法身故。況文殊是諸佛之師，果後行因。若將文中「文殊」二字，都改作彌陀，能見文殊，即見彌陀也。既言至此，即知念佛之念，參禪之參，修觀之觀，亦名異體同；皆是始覺之異名。自性彌陀，本來面目，真如實相，亦名異體同；皆是本覺之異名。執名迷義，就有了門戶之見。執一非餘，皆屬不可。《金剛經》云：「凡所有相，皆是虛妄。」又云：「若以三十二相觀如來者，轉輪聖王則是如來。」又云：「如來有所說法，即為謗佛。」皆是重在破執。執佛法為實有尚且不可，況執其他九界乎？《小品般若波羅蜜經・薩陀波崙品》云：「我聞般若波羅蜜，斷諸有見。」有見即是執著。離四句，絕百非，方於真理相應。要義有三：

1.念佛時，當知無能念者，心相我相俱無。此破我執。

2.念佛時，無所念之音聲佛號及一切境界。此破法執。

3.念佛時，無所念所觀所行之方便。如有妙境及小小神通發現亦不愛者。此破法執。

如是念去，與般若波羅蜜相應。破我執證生空理，名曰無生忍。破法執證法空理，名曰無法忍。人法俱空，名曰無生法忍。不離娑婆，而生極樂，自性彌陀，唯心淨土，皆於一心中顯現矣。以上但言念佛之理，向下再明念佛之事，常啼必須親見法上，吾人必須親見彌陀也。

## （二）約事念佛

釋迦彌陀同是究竟果佛，果海離言，本無第一第二之差別。但就二尊之本願，所示淨穢二土不同之事而言之。分極樂與娑婆，實則皆是眾生各自業力所感淨穢之事不同，不能自了耳。此土眾生，除少數佛教正信修士外，多是殺盜淫妄，貪名求利，縱行十善亦不出三界。染緣易就道業難成。淨土眾生，雖是凡夫，亦無惡業。因為有自然衣食住，毋容爭奪。慈悲博愛，永無殺傷。黃金為地，盜賊無有。無諸女相，淫欲不生。皆具六道，對誰妄言。菩薩為伴，時聞法音。壽命無量，一生補處。具此事實，經可證明。不可以理奪事，自遭墮落也。況三祇不退，幾人能之。故世尊無問自說，六方諸佛，同聲稱讚，吾人豈可負如來之慈悲，失此人身，不生淨土耶？

佛視眾生猶如一子，但眾生不知佛為慈父，多說「閻王老子」。乞食他方，錯將閻王為慈父，地獄為家鄉。或則斷滅因果，說人死如燈滅。從迷積迷，迷之無已。吾人既知佛之慈悲，真語者，實語者，故當念彌陀慈父。極樂家鄉，真實不虛，信心懇切。因念家鄉，而念慈父；因念慈父，速歸家鄉。心念佛時，心即是佛。因緣之心，與果海之佛，契合不二。此是感應道交，一心不亂之念佛三昧寶王也。將來決定往生，補處佛位。何世間名利之可比耶？故吾人必須在事實上念佛，迴向淨土，毋執理具而廢事修。

念法有三：1. 稱名念佛：執持名號，一心不亂。2. 觀像念佛。3. 觀想念佛。詳具觀經。要在觀佛相好，思佛功德，行佛願行，三業精進，淨業為因，必感淨土之果。所謂念者，即不散亂之謂。《對法論》釋念字云，謂於所諳勝，業勿忘失也。身如寶庫，念如守者，身中所具七聖財，防護若疏，則令貪瞋癡三毒賊所得便。眾生之入三途者良由此也。失念者，心則散亂無歸，遍計外境，隨緣流轉，循業升沉。欲生淨土者，應決心以堅護念。故經中六方諸佛皆云，一切諸佛所護念經。護念二字，最為重要。

## （三）理事合明

即吾人之心，執事迷理，號曰無明煩惱，分別妄想。了事悟理，號曰真如實相，一真法界，菩提涅槃。煩惱妄想心者，執此身心為我，局於根塵之範圍，不出六道輪迴。一真法界心者，是吾人之本來面目，豎窮橫遍，生佛平等，無有增減，不可思議。眾生迷此心，枉受輪迴，在六道中虛生浪死。諸佛悟此心，知十界色心，一切如幻，成大菩提，證大涅槃。本無有法可言，但為憐愍眾生故，不得不於中別開四法界，使未悟者，皆得悟入一真法界心。四法界者——

1. 理法界：就是一真法界在理上說。以心即理，對色名心，對事曰理。

2.事法界：就是一真法界在事上說。事為十法界依正根塵器界之總名，不論世界之大，微塵之小，無非一真法界全體所成。

3.理事無礙法界：理無形相，真空不在事外。事無大小，妙有也不在理外。妙有事能顯真空理，真空理能成妙有事，即此一真法界雙收事理，故名理事無礙法界。

4.事事無礙法界：妙有就是真空，所以大小相容，而成事事無礙法界。又真空就是妙有，所以聖凡相即，而成理理無礙法界。四法界無理理無礙法界者，以空不礙空，人人所知，不用言故。說總說別，法界融通，本來如是。說理時，則十法界一切依正色心全在理中。說事時，則十法界一切依正色心全在事中。悟之則一無礙一切無礙，迷之則一執著一切執著。執一非餘，皆成夢想顛倒。諸佛菩薩既已親證，吾人尚在迷位中受無邊苦惱。今既知諸佛之悟，是悟眾生之本有。吾人亦有成佛之份。速當發菩提心，隨佛法界緣，一心念佛。

## 三、總結理事念佛

約理上念佛，則從空觀入手，念寂光淨土法界藏身阿彌陀佛。觀理法界，知報化事皆在法身理中。

約事上念佛，則從假觀入手，一心稱念西方極樂世界報化彌陀。觀事法界，知法身理全在報化事中。

若約理事圓融無礙念佛，則從中道第一義諦觀入手，知空有不二，舉一句彌陀即該攝法報化三身，乃至十方三世一切諸佛，三身三大，皆在其中，一多「事」，不二「理」。即理事無礙法界觀也。諸佛法身互融互遍，即理理無礙法界觀也。諸佛色身隨一毛孔即一法界，就是事事無礙法界觀也。圓人受法，無法不圓。要在吾人心能轉境，理論與實踐契合，則無論娑婆與極樂，十界依正二報，皆是妙有的大光明藏。吾人明此法界觀門，再來觀念自性彌陀，自性體上所起之智。還念此心自體。雖念自性彌陀，而與西方彌陀自他「事」不二「理」，亦是理事無礙。功在都攝六根，淨念相繼。惟有真我所起無分別的正見，即是一心不亂。不待命終即得無生法忍。則知十方諸佛皆在吾人心中轉大法輪，大千經卷皆在吾人自心中流出。希念佛同仁，悉皆獲此念佛三昧。

# 念佛讚偈釋義

## 一、偈前須知

### （一）明偈出典

〈讚佛偈〉八句，出在〈淨土修證儀〉。宋朝擇英法師所作。師浙江嚴州桐江俞氏子，出家於杭州壽寧寺。宋神宗熙寧中，參神吾禪師於施水寶閣，深悟止觀的工夫，晚年，遨遊杭秀蘇湖間。元符二年的春天，住杭州祥符寺，有一天，憑几西向，誦《阿彌陀經》，誦完一卷即逝。

### （二）釋佛三身

凡是一樣東西，都有它的體相用，但是它的體相用，都是有限量的。普通的如桌子板凳，亦有體相用，它的體是木質的，相是方的長的，用是供人寫字看書做種種工作的，每日少不得，非用它不可的。最大的如地球、月球、星球、四王天、忉利天、乃至色究竟天，非想非非想諸天，依正二報的體相用，亦是有限量的。故天上天下三界以內，一切形形色色，無一不局於限量，所以都不能稱「大」。

唯十方諸佛，出世間的聖人，不離三界而超出三界之外，他的體相用是無限量的，絕對待的，故稱體相用三大。佛的體無限量，與萬法為一，周遍法界，名曰法身體大。佛的相無限量，具足萬德莊嚴，名曰報身相大。佛的用無限量，分身塵剎教化無量無數眾生，名曰化身用大。故唯佛具足體相用三大，即是法報化三身。

（三）略釋「法身」

法身者，即是以整個十法界，總依正二報而不分，遍法界以為身，是諸佛之妙體。報化二身，由之而生。法報化三身，別相說各自不同，圓融說則三身皆是法身。化身為應化法身，報身為功德法身，法身為離垢妙極法身。報化二身，色即是空，法身空即是色。報化對機示現，非佛真體，故古德云：「報化非真佛，亦非說法者。」

法身真體，遍滿於法界，不離萬法（山河大地盡是法王身）而不著萬法，無形無相而亦形亦相。一切形相皆本此出生故，一切言說不能形容，一切譬喻不能比擬，此不可思議境界，惟親證者能知，佛與佛乃能究竟。故擇英法師作〈讚佛偈〉，端從報化二身始，良有以也。

**問：**此三身唯佛菩薩有耶？抑眾生亦有耶？

**答：**眾生亦本來具足，因在迷位故局在色殼中而不現耳。蓋眾生之靈性，出纏即是法身，在纏即是靈魂。眾生的色體即是報身，但係業報身，隨業所生，輪迴六道，具足眾苦故。佛是萬行因花，莊嚴果海，功德圓滿的報身。真常真樂，有無量相好光明。佛為接引眾生故，現無數億的化身。眾生為貪瞋癡故，起無數億的妄想。若肯迴光返照，先斷三毒，即超過三大阿僧祇劫，遠離十惡，即超過十萬億佛國土。如是則親見彌陀，即身成佛。

# 二、正釋偈讚

## （一）讚彌陀「報身」

阿彌陀佛身金色　相好光明無等倫
白毫宛轉五須彌　紺目澄清四大海

諸佛法身，非語言文字能表，是自受用境界故。所以讚佛先讚有相好有光明的報身佛。次讚光中化出無數億的化身。後讚因修與果德。

阿彌陀，此翻「無量光」、「無量壽」。蓋宇宙之間，萬有有盡，唯光明是無窮無盡的，故光在時間上具無量壽，在空間上具無量藏。光無量則橫遍十方。壽無量則豎窮三際。光表佛智圓照，壽表佛性不滅。盡虛空遍法界一切萬有皆同在佛之法身體中，通常所謂「佛光普照」是也。如是阿彌陀佛的光明，遠照十方無所障礙，不生不滅，巍巍不動，如紫金山。

第二句「相好光明無等倫」，相好者，《觀無量壽經》云：「無量壽佛，有八萬四千相。一一相中各有八萬四千隨形好，一一好中復有八萬四千光明，一一光明遍照十方世界。念佛眾生攝取不捨，其光明相好及與化佛，不可具說。」

無等倫者，佛號無等。《大智度論》：「婆伽婆，名有德，先已說，復名阿婆磨（秦言無等）。」《大日經疏》三曰，如來智慧，於一切法中無可譬類，亦無過上，故名無等。與無等者同一倫類，故云無等倫。又佛身相好光明，無有相等可比倫者，除佛之外，三賢十聖所不能比等故。

**問**：相好有八萬四千，光明亦有八萬四千，亦是有限量。云何不九萬十萬五千六千耶？

**答**：佛為度眾生而出世，此是表度眾生之法。八萬四千者，表斷八萬四千煩惱，成八萬四千波羅蜜門；廣利有情故，皆以八萬四千表之，非局限量也。

**問**：「十方三世佛，阿彌陀第一。」故阿彌陀佛的相好光明，十方三世諸佛所不能等。此說如何？

**答**：此說亦通。但以彌陀對機故，獨讚彌陀，順眾生機感方便說故。實則十方諸佛，與彌陀相等者甚多，如東方淨琉璃世界與極樂世界功德莊嚴等無差別。亦有超過彌陀者，如《華嚴經》說，極樂世界之西，有袈裟幢世界金剛堅佛，彼國一日，為極樂世界一大劫，相好莊嚴超過彌陀佛國。在袈裟幢世界之西，有不退轉音聲輪世界，善勝光明蓮花開敷佛，超過袈裟幢世界的。更西又有離垢世界法幢佛。如是次第乃至過百萬阿僧祇世界超過極樂世界的。但皆非吾人之機可生，故世尊但稱其名，而不勸人往生。祖師亦不讚歎。又《大寶積經》中，文殊菩薩與阿難尊者成佛時，依正莊嚴都超過極樂世界。如是可知為方便接引眾生故，說十方三世佛，阿彌陀第一。故釋無等倫，以佛佛平等故，還是與無等者同一倫類為恰當。

第三句「白毫宛轉五須彌」，白毫在佛兩眉中間，右旋宛轉如五個須彌之長。須彌山入海八萬四千由旬。又自海面至山頂亦八萬四千由旬。周圍亦八萬四千由旬。一相有如此不可思議，況有八萬四千相耶？

**問**：白毫宛轉五須彌，云何不四須彌六須彌耶？

**答**：諸佛為度眾生故而出現於世。五須彌者，亦為度眾生故而示現也。須彌妙高山，表眾生無始以來貢高我慢山。生在八萬四千塵勞苦海之中。五須彌者，表我慢山由有五蘊色心相聚而成。無明黑暗，昏昏長夜，不能出離。今彌陀用白毫相光，宛轉眾生的五蘊須彌我慢山，要令眾生破八萬四千煩惱，頓除貢高我慢的我法二執，故云五須彌不言四與六也。

第四句「紺目澄清四大海」，紺目者，紺青的眼。佛視眾生如一子，故以青眼相視，表大慈悲故，不用白眼也。四大海者，即須彌山東南西北四大海也。澄清者，海深廣處，澄湛清淨也。在事實上，彌陀一隻眼，就有四個大海這麼樣大。澄湛清潔到極點了。何以有這樣大的眼睛呢？按《十六觀經》，觀世音菩薩的報身，有八十萬億那由他（此云千億）由旬（由旬有大中小三，大由旬八十里，中由旬六十里，小由旬四十里）的高。阿彌陀佛的身量又倍倍之，有八十萬億那由他由旬的高。既有這樣高大的身量，則一隻眼睛，有四個大海的大，不為過。

**問**：彌陀的眼，為何準定四大海；不說三大海，或五大海耶？

**答**：佛為度眾生故，為眾生而現身。四大者，所謂地水火風，有此四大毒蛇，即永墜在苦海之中，今彌陀大慈，用紺青的目一看，頓爾四大皆空，苦海澄清。廣度念佛有情，皆歸極樂國中。

以上轉五蘊，空四大，皆是彌陀度生的大願力。

## （二）讚彌陀「化身」

光中化佛無數億　化菩薩眾亦無邊

上讚彌陀報身，但凡小淺機，有眼不見，有耳不聞，故彌陀在大智慧光明中，不惜眉毛拖地，化佛化菩薩，主伴重重無盡，來接引眾生。如經說有三十六萬億一十一萬九千五百同名同號阿彌陀佛。又《觀無量壽經》云：「彼佛圓光如百億三千大千世界，於圓光中，有百萬億那由他恆河沙化佛，一一化佛，亦有眾多無數化菩薩，以為侍者。」一如是一化佛（彌陀）為主，有二化菩薩（觀音勢至）為伴。主伴重重，無窮無盡，有一人念佛，即得一佛光明加被。無數億人念佛，即得無數億光明加被。所謂家家彌陀佛，處處觀世音。諸佛心內眾生，眾生心內諸佛，但在吾人自淨其心。心淨則國土淨，決生淨土無疑。

## （三）讚佛因地發願

### 四十八願度眾生

**問**：以上說的是報身化身彌陀果地上事；未知彌陀因地中未成佛前，如何修學，如何發願耶？

**答**：彌陀在因地中無量無數劫前，為大國王，時有世自在王佛，出現於世，化度眾生，王往聽法，頓悟無常，乃捨王位出家號曰法藏比丘，對其佛前發四十八願，應時大地震動，天雨寶花，空中讚言，決定成佛。由是無量劫行菩薩道，在在處處不離四十八願。於十劫前成佛，號曰阿彌陀佛，國名極樂。

## （四）讚佛果中度生

### 九品咸令登彼岸

極樂國中，有七寶池，八功德水，水中有無量品蓮花，今但言九品者，舉其總綱也。阿彌陀佛，願力宏深，攝化十方念佛眾生，分九品的階級，咸令眾生同登於彼岸。謂娑婆為此岸，十萬億國為中流，極樂為彼岸；又生死為此岸，煩惱為中流，涅槃為彼岸。念佛人不論富貴貧賤，但肯一心，即度煩惱中流，了生死，登彼岸，生極樂。九品高低雖然不同，但皆不退轉，一生成辦，吾人應當念佛，求彌陀慈父加被，令我等宛轉須彌，澄清四大，故彌陀長垂隻手接引往生。

# 具足信願行決定上品上生淨土論

淨土為學佛人的總歸結，無論教律密禪，總不外淨三業而歸四種淨土。他方變化土，有淨有穢，唯西方變化土，藉彌陀願力故，純淨無穢；所以談淨土獨指西方為標準。欲生淨土者，必先具足信願行三種資糧。信要堅固，願要廣大，行要努力。要念念增上，與佛心佛體密相契合，則所作必辦。信願為導，重在行字，故非努力不可；懶惰延宕，是修行人大忌。所以普通於三資糧中，但說修行，不說修信與修願也。中峰國師《三時繫念儀範》云：「便就今朝成佛去，樂邦化主又嫌遲。」斯語深顯佛的悲心，助長行人信願行之切。茲再引據經義以明上品上生穩可取得之意。

如《法華經．信解品》之義理，不但是本經中的〈信解品〉，若能依此信解，悟入佛之知見，便可解達諸多大乘教義，若念佛志士，具此信解，依教起行，即時信得上品上生自取無難也。蓋《法華經》在娑婆是釋迦佛說，在極樂是阿彌陀佛說；佛身雖異，而所說義理無二無別。今讀此經，即正此說。惜吾人障重，不能如智者大師親見靈山一會，至今未散。故須從信解入門，既知大富長者的密意，不應勞其遺使追我，更不敢再勞長者脫珍著敝，示同我形，苦心勸誘。我當不作窮子流浪他鄉，應當直接歸家，往生極樂。我不住於中下之品，即是不作除糞事業。於長者前，無畏無懼，直認我父。此是信解之義，得而用之，必生上品無疑。若但讀誦，而不能會教歸心，攝他歸己，則負經意，亦負佛意。猶如面臨寶車，只悅目前，不知登程。

若志取中下，雖云歸家，仍喜除糞，所謂樂居化城，仍要還勞慈父，卻非孝子。古德有臨終見銀台接引而不去，云我素以上品上生乘金台為願。言訖，銀台隱而金台現前，可知願力關係甚大。《華嚴經．普賢菩薩行願品》中更說得深切，豈可忽易。更閱一切諸經之義，了知諸佛菩薩，大慈大悲，所有功德莊嚴，充遍有情及器世間，且無代價地施與一切眾生，可惜我們無真正的信願行之身口意接受，與佛愈離愈遠，怎能望其能隨取隨得。

至若要求與佛接近的方法，當以至誠觀念，我今已生慈父心蓮之中，我從慈父法化而生，四十八願。即是我應發之願，亦是我度眾生的家業。我從慈父佛口而生，我是彌陀親子，此願更為殊勝往生超過上品，直投王胎，為王太子，紹王法位。如是信解，佛極歡喜。依此信受觀修，則已投入佛胎也。此依《法華經．信解品》，悟入佛之知見。取義在能子承父業。

又《楞嚴經．大勢至菩薩圓通章》云，念佛人如子憶母。乃至使行人發心深切，即會歸自心本具之天真佛性，母子情契之理解。若會取經中密意起修，必須觀想母親慈容悲意，愛護於我，念念不捨我，我幸獲得人身，現身一切受用，皆母親所賜，我念母親光明體質，無畏精神，種種莊嚴，不從外來，皆我心中所起，彼之一切為成就我身之模範。再進一層觀修，我亦如母之光明身體，我亦得母之無畏精神，母親的功德法財，不與愛子而與何人？我即母親，母親即我，天真佛性，時時相逢。此依《楞嚴經．大勢至菩薩圓通章》，行證香光莊嚴，取義在能子母不二。

子承父業，是「念中攝願」，顯修也；子母不二，是「觀中攝行」，密行也。念是口業如法，觀是意業如法，有念有觀，即是全體身業如法。念中攝願，即「念念智投願海」。觀中攝行，即「心心境緣樂邦」。如此念佛法門極其精要，行者久久串習，易得佛力加持，是如理增上修法，攝境行果一心不亂境界。

此下更略釋上二義，都攝淨土五經。

「念中攝願者」，《華嚴經．普賢菩薩行願品》云：「唯此願王，不相捨離，於一切時，引導其前，一剎那中，即得往生極樂世界。」此一剎那之得力處，係在平時之念與願的功行。此點當特加注意。但初學念佛，或不具悲心與切心者，念中難以攝願，然並非無願，又非無念；因所願狹小，或不正確，皆由宿習我執貪瞋癡三毒之力所奪耳。若將《華嚴經．普賢菩薩行願品》熟讀，細研要義攝在十者之中。此十願要義，復攝在一句佛號之中。念即是願，願即是念。久久念願融洽，自會透露真心。親見彌陀，到此地步，才是真信。彌陀的四十八願，本我所願。念念見佛心，念念度眾生。因該果海，果徹因源。此種生西法門，品位極高，故到此已，即見阿彌陀佛，諸大菩薩，蒙佛授記，普利群生。又吾人心中，本來具有諸佛菩薩大願之覺智，如寶藏庫。因不知故，埋沒塵勞，非仗佛力法力不足以資啟發。

「觀中攝行者」，蓮池大師《西方願文》云：「願禪觀之中，夢寐之際，得見阿彌陀佛，金色之身。得歷阿彌陀佛寶嚴之土。得蒙阿彌陀佛甘露灌頂，光明照身，手摩我頭，衣覆我體。……使我宿障自除，善根增長。」若以密乘觀修，願一切眾生。同時皆獲斯益。此略舉一則，若廣釋經中妙義，述不能盡。但初心修觀，或不具悲心。觀中難以攝行。然並非無行，又非無觀，蓋所觀不能清晰，及不親切。皆由宿習我見妄塵之業力所障耳。

若將《楞嚴經．大勢至菩薩念佛圓通章》密意攝持，母即是佛，佛即是母，久久佛母一體，自會孝心現前。到此境地，方是真信「心、佛、眾生」三無差別。則心心睹佛面，亦心心利有情。全事即理，全理即事。此種上品上生，最極穩當。又《觀無量壽經》云：「欲生彼國者，當修三福：一者孝養父母，奉事師長，慈心不殺，修十善業。二者受持三歸，具足眾戒，不犯威儀。三者發菩提心，深信因果，讀誦大乘，勸進行者。」如其具戒發心，了大乘義，而孝養父母，奉師等事，更有過去父母變為有情，正當孝度，發菩提心，串於觀行學修。智者應知。故須明白佛理，修行方法，力行不倦，方能啟發自心中之寶藏庫，出大千經卷，略以明之。

念佛者，是智人，「念中攝願」是直指寶藏之處，是知日之在天運行。修觀者，是福人，「觀中攝行」是啟發寶藏之物，是得日之光氣受用。自利：有念，有觀。利他：有願，有行。方是具足福慧學修之人也。

又吾人性德中，本自具有諸菩薩大智光明，如日麗天，遍照常恆。但為雲遮，非仗佛力不足以資撥見。佛力者，心力也。須自深切，發大菩提心，依教修行，則受用光氣耳。

上解喻竟，下明修法要義。

觀諸古德，修淨業者，如曇鸞善導等，瑞相特別現前，且任人可見，由其平時正念的觀力與佛力，交互相融，所以聲氣相感，瑞相分明。修觀之道，首要信解深廣般若，並具正知正見。持戒堪忍，識自心力不思議。發大菩提心，求佛冥加，方得感應，證入實相。如不了解方等深理，必須至誠恭敬，依經起觀，當得法益。臨終測驗往生之徵，頂熱生天，胸熱人道，臍下三途，由其在生時，善惡觀念關係所致。尤以修觀的心力關係極大。如趙子昂畫馬，其妻見馬臥床。昂懼，後改畫佛。常人所謂相隨心轉，如心地端正，則品貌態度自然嚴肅。所言觀佛相好者，正是改造心相，且立刻見功，最直接的學佛體相用。是從有相表法，下手用功，而證入中道實相第一義諦。

竊念吾人得知三寶功德，能學能修，思其福報，超過人天。觀諸世間，有福之人，必具福相，惟吾人無福無德之凡薄陋相，雖是幸遇三寶，又能學修，真是接受不了，由於障緣多多，故須常常觀佛相好莊嚴。即自心具現三十二相。以此密意，體會佛體，仗佛慈力，即能增長福相。內因外緣，得遇殊勝資糧，學修自當成就也。若念佛人不知注重觀想，便失其心口相應之理。《觀無量壽經》四十八願中第二十一願云：「設我得佛，國中人天，不悉成滿三十二大人相者，不取正覺。」故甚望念佛行者，應將三十二相影子先於心地拍攝熏修，如植樹有種，鑄鐘具模。故因心觀相好，果地自莊嚴。哪可忽視耶？若言上品上生，未曾提及修觀，遂謂不必修觀，則觀經之設何謂？各大乘經典，更是無處不具觀法。善學者，亦當知所擇矣。下舉經徵義：

《觀佛三昧海經》云：「佛告父王，閻浮提中，有師子王，名毘摩羅。其師子法，滿四十年，牝牡乃會，一交會已，跳踉鳴吼，婉轉自撲，體無損傷。其師子子在胎之時，如父獸王，等無有異。大王當知，欲使胎中，便能鳴吼，飛落走伏，未有斯事。父王白佛，獸王之子，在母胎時，頭目牙爪，與父相似，佛告父王，與父無異；但其力能不及其父百千萬倍。佛告父王，如是如是。未來世中，諸善男子善女人等，及與一切；若能至心繫念在內，端坐正受，觀佛色身。當知是人，心如佛心，與佛無異。雖在煩惱，不為諸惡之所覆蔽。於未來世雨大法雨。」下再略述觀想的功德與修法：

《觀念阿彌陀佛相海三昧功德法門》云：「若有人一須臾頃，觀白毫相，若見若不見，即除卻九十六億那由他恆河沙微塵數劫生死重罪。常作此想，太除障滅罪，又得無量功德，諸佛歡喜。」況能觀三十二相耶？然所觀佛體，光明映徹，心有咒輪，生氣靈活，具諸莊嚴。依密法有事理自他之觀。有聲義色相，光明收放。次第轉變而修。復觀自心，或觀諸法器，出生種種供養。了知此義於讀誦經典時，特加注意，隨讀隨觀，依文起修，至誠恭敬，獲諸福慧，無量無邊，日久自知。上觀中攝行竟。

「念念智投願海」一句，攝《華嚴經・普賢菩薩行願品》因該果海。又攝《無量壽佛經》果徹因圓。

「心心境緣樂邦」一句，攝《觀無量壽經》，又攝《阿彌陀經》。含有密部生圓修法。

又開前二義，使觀念願行融洽無礙。念中攝觀，觀中攝念，則因果互融於佛智。願中攝行，行中攝願，則事理圓洽於莊嚴。因果互融於佛智者，一念緣現於妙相，三十二相悉於念中圓明。事理圓洽於莊嚴者，勝境概由願成，四十八願悉於境中表行。

以上所說的修法，略具輪廓而已，初步以《楞嚴經・大勢至菩薩念佛圓通章》

為入手，是簡而易持的究竟心要。云如母者，表佛之悲心大願，即總攝《華嚴經・普賢菩薩行願品》、《無量壽經》。云香光莊嚴者，即總攝《觀無量壽經》及《阿彌陀經》。母表佛的慈愛。順世情解，亦確有骨肉關係，引發行者生起真切的深心、直心，及孝順心等。蓋吾人一念及母親，便會憶及母容，易令心境緣於相好，即能生智除障，是心地莊嚴法門，具有極大功德，並含有益助生理之功能。由吾人念佛觀佛之淨業心氣，如染香人，身有香氣。以其自身極微四大，於大覺中，隨心轉變，誠所謂剎那剎那的新陳代謝。如毒乳殺兒，由其母親忿怒時瞋心所壞乳汁為害。（見印光法師一函編覆）惡念生毒，善念增益，此可明徵也。又前文云，念中攝願，此即願成就。觀中攝行，此即行成就。如是具願與行，安住必得上品上生之信願中，直往無疑。

另有要緊數語，行人如觀修到得力處，種種境界現前時，除依止善知識及知己同參淨友，可以說出請求印證，或互相參究，除此切不可另向人說，說則遭魔，此語見諸經論。故淨宗古德雖力行觀法，未見普遍宣傳，意在於此。

最後妄擬一偈，以表素願。（願不離行，行不離願。具信、願、行。）

無明不覺戀娑婆，（五濁惡世，無量苦惱。）
娑婆極樂較如何。（依正相比，即生欣樂厭苦之信心。）
念中觀佛觀中念，（念是啟發自願，具足力行。）
穩隨導師出愛河。（觀是隨師而行，不歷險難。）

又同學慧命法師占律一首云：

妄念全消正念留，數聲清磬韻悠悠，
病逢甘露千魔退，愁作醍醐一筆勾。
雲散長空天色淨，波澄碧海月光浮，
持名當下觀心佛，極樂家鄉豈遠求。

# 我對淨土法門的觀想修學

淨土法門，是上中下三根普被最廣大的大乘法門，攝機之廣，是普該九法界，凡有一念之善迴向，皆是當機。法門之深，非凡小所能測其底。法門之高，上至等覺圓覺，皆願往生。靈源在民國二十一年初（一九三二年）至福州鼓山出家，便遇慈舟老法師，教我專修淨土。再親近應慈老法師學《華嚴經》，修法界大淨土。總結歸於本師虛雲老和尚，禪淨雙熏，即心即佛，唯心大淨土。

香港正覺蓮社，提倡淨土有年，今以編印週六念佛會第四屆百零八週紀念專刊，徵文於源，源僅將個人的管見，所修學的方法，不揣譾陋，貢獻於大眾。普通念佛，求生淨土法門，說的寫的，古今著作，長文短篇，高談妙理，已是汗牛充棟，一切修持方法皆已說盡，但最高法門，非愚夫婦能學，善財已獲文殊根本智，尚須五十三參，千辛萬苦，見普賢菩薩導歸極樂。則淨土法門之高可知。茲將淨土法門之修法程序，略分五節，錄之於後。

# 一、學修淨土先發大菩提心

發菩提心，是學佛之根本故。菩提者，此云覺道，覺法自性，則認識成佛的種子，亦即認識淨土根本。《維摩詰所說經．佛國品》云：「菩提心是菩薩淨土。」《觀無量壽經疏》云：「願以此功德，平等施一切，同發菩提心，往生安樂國。」又菩提心三字，不但求生淨土的人要發，就是不發願生淨土的人，亦是要發的，凡是發心皈依三寶，作佛門弟子，都要發的。所以初受三皈，本師即教懺悔業障，發菩提心。菩提心有二種，以〈四弘誓願〉為表：（一）緣事菩提心，（二）緣理菩提心。

## （一）緣事菩提心

1. 眾生無邊誓願度：自未得度先度他人故，發利他心，是菩提心之緣因。見一切眾生受六道輪迴之苦，願一切眾生同生淨土，同見阿彌陀佛，同了生死之苦，此是苦諦，見苦發願，是饒益有情戒。

2. 煩惱無盡誓願斷：發自利心，是菩提心之正因。吾人因煩惱而受眾苦，願求自斷無邊之煩惱，生極樂見彌陀，不為八風所動，餘道所轉，此是集諦。見集發願，是攝律儀戒。

3.法門無量誓願學：欲度眾生，先須自度自學，眾生之根器無量，故佛之法門亦無量，略而言之為三十七道品，此是道諦。了因佛性，見機投教，攝善法戒也。

4.佛道無上誓願成：由前三戒行願具足，成就功德，而證得三身菩提佛果，證大滅度之滅諦，入一真法界大淨土，見法界藏身阿彌陀佛，還度一切眾生也。此是《華嚴經．入法界品》，善財證等覺時所生安樂國，即是一真法界，常寂光淨土，非凡小所能生。但凡夫必須發願，作生淨土之正因。

（二）緣理菩提心

即將〈四弘誓願〉都回歸自性。度自性之眾生，斷自性之煩惱，學自性之法門，成自性之佛道。即吾人自性，念念成自性之彌陀，念念修自性之淨土，一即一切，一切即一，十方淨土，無一不在吾人自性中具足。

發大菩提心已，願我與十方三世六道一切眾生，同生淨土。眾生不成佛，我不成佛；眾生都成佛，我方成佛。有此大菩提心，自然蒙佛加被，易於成就。蓋發心為因，成佛為果，種多大之因，即獲多大之果，此為一定不移之因果律。

## 二、修學之地點及作意之相狀

行者如家中設有佛堂，即在堂內修持甚好。如無佛堂，隨時隨地觀想為佛堂，亦可方便修持，功德相等，唯在各人心誠念切。此六字宏名，隨時隨地，均可持誦，並無忙閒垢淨之分。想六道眾生沉淪苦海，如恆河沙數之多。一切皆是我人無始以來歷劫之父母妻子，家親眷屬，其能得人身者甚少。雖得人身，佛法難聞；須聞佛法，不知求生淨土，尤為可憐。今我幸得人身，形命無幾，駒光如駛，在此世界上甚為短暫，一口氣不來轉眼就是來生。六道流轉無有盡期，眾業纏身如影隨形。如不及時學修用功，一旦福盡壽終，便墮三途，生死夜長，何時再獲人身，再聞佛法？且在生時，老病死苦，隨時煎逼，無有樂處。言念及此，除發菩提心，志誠學佛外，別無逃脫生死苦海之良法，故我一心念佛求生淨土，但諸佛國土雖多，均不易往生。唯西方極樂世界，最易往生，彌陀有四十八願攝受故，鸚鵡八哥都能往生，何況人道？所以念佛生西，最靠得住，最有把握。但都滯中下者多，若求上品，當在人道，必須素有修持。做此想後，念佛之心，格外懇切，常勤精進。想我心原同彌陀，並非凡夫，不忘失自己真心，自性彌陀。想已，端身正坐，入一行三昧。

## 三、一行三昧修持法

《萬善同歸集》：「《般若經》云，文殊問佛，云何速得阿耨菩提？佛答：『有一行三昧；欲入一行三昧者，應須於空閑處，捨諸亂意，不取相貌，繫念一佛，專稱名字，隨佛方所，端身正向，能於一佛，念念相續，即是念中，能見過去、未來、現在諸佛，晝夜常說，智慧辨才，終不斷絕。』是知佛力難思，玄通罕測，如石吸鐵，似水投河。慈善根力，見如是事。」受持佛名者，皆為一切諸佛共所護念。唱一聲而罪滅塵沙，具十念而形棲淨土。

## 四、我對於彌陀淨土之修學

我所習之彌陀淨土，兼藏密之祕傳，源修之有效，今日公諸大眾，願大眾共修，同生淨土。晨起，盥洗後：1.焚香獻供。2.至誠懺悔，並代十方六道眾生懺悔，禮佛四十八拜。3.正身端坐，手結彌陀印，仰放於腹股際。腹鼓出，肩聳平，兩目直視，如體操立正的姿勢。心中觀空，不起雜念，觀自身心與世界純是虛妄和合，了不可得。十數分鐘後，於自性空中，忽起大風輪，風輪上起大火輪，火輪上起大水輪，水輪上生金剛地，從金剛地中湧出大蓮花，觀想自身坐大蓮花上。父親坐右，母親坐左，兒女眷屬坐後，一切怨仇坐前。無量劫來父母兒女眷屬怨親債主，依次重圍而坐。行者於此時，猛發菩提心，想六道父母兒女怨親，沉淪苦海，無法解脫。我今為六道父母兒女怨親懺悔滅罪，超生淨土，虔修淨法。於是觀想對面空中，出現坐像彌陀，觀音坐右，勢至坐左。行者乃口誦南無阿彌陀佛，六字宏名及觀音勢至名號各百零八遍，為六道眾生授三皈依法，皈依畢念〈往生咒〉百零八遍，觀想六道眾生同時皆生淨土已。四面清淨，同太虛空，身心世界都不可得。即心即佛，非心非佛，心佛不二，心佛皆空，亦無太空之量可得，如來如來，如是如是。

## 五、淨土即是禪淨不二

當知上述修法之出現隱沒，益同水月空花，如夢如幻，涅槃本性，法爾常住，了不可得，不可得，不可得亦不可得，即是諸佛常寂光淨土，魔來也斬，佛來也斬，離四句，絕百非，無佛魔對待之名相可得，於此樂明無念中，愈久住愈好。若散亂心起不能制止，或失覺昏沉，當大生慚愧，即起行道念佛，或志誠洗懺以除重障。策發身心，誦經禮拜。必於自清淨心中，一心不亂，不沉不掉，不失不助，久久念至無念處，能念所念都不可得，心淨如鏡。行住坐臥都是如是，即是一行三昧，禪淨不二之境。每日早晚二次不斷，必得上品上生無疑。如上所說，源實是鈍根凡夫，雖每日進行，尚未達到目的地。今先公諸大眾，若諸善知識以為是，願共同修學，若有不合理處，還請慈悲指示。

# 佛七開示

今將「淨業綱要」再「提綱略指」：

（一）行者由稱名音聲一心細聽，務要字字聽得分明調勻氣息，若心中散亂須改換急板以對治之。

（二）念佛音聲高下緩急調治適宜，顯大眾心氣和平已趨一致，既而觀想佛像，從頭至足，像隨音來，念因像淨，觀想我身佛身合成一體。

（三）因觀想我身即佛，佛即我身，我唱佛號如唱己名，非自非他渾然莫辨。

（四）念時如是，不念亦然，於一切時一切地，皆見阿彌陀佛在我眼前不離左右。

久久工夫純熟遍觀一切世人無有賢愚，皆現三十二相，聞一切音聲無有美惡，皆是萬德洪名，即證心佛眾生三無差別，實現平等一切如如。

上項自他正報觀想成熟，進而觀一切地皆是淨土，足證眾生皆可成佛，娑婆即變樂邦，顯凡聖一如、穢淨不二、理事圓融，打成一片唯心淨土，即西方淨土自性彌陀，即古佛彌陀當思今日之樂邦，由昔日法藏之心，造今日之行者，苟發法藏比丘之弘願，即身皆可成阿彌陀佛。

經云，初發心時便成正覺，望諸仁者努力追求是所厚望。

靈源禪師於五十二年（一九六三年）元月在溪洲顯國靜舍講

陳顯國恭錄並於六十四年（一九七五年）四月在員林寺複講

智慧海 55

# 淨土直說

## Pure Land Buddhism: Simple and Straightforward


| | |
|---|---|
| 著者 | 靈源老和尚 |
| 出版 | 法鼓文化 |
| 總監 | 釋果賢 |
| 總編輯 | 陳重光 |
| 編輯 | 釋果興、李金瑛、林蒨蓉 |
| 封面設計 | 小山絵 |
| 內頁美編 | 小工 |
| 地址 | 臺北市北投區公館路186號5樓 |
| 電話 | (02)2893-4646 |
| 傳真 | (02)2896-0731 |
| 網址 | http://www.ddc.com.tw |
| E-mail | market@ddc.com.tw |
| 讀者服務專線 | (02)2896-1600 |
| 初版一刷 | 2013年11月 |
| 初版三刷 | 2019年3月 |
| 建議售價 | 新臺幣160元 |
| 郵撥帳號 | 50013371 |
| 戶名 | 財團法人法鼓山文教基金會—法鼓文化 |
| 北美經銷處 | 紐約東初禪寺 |
| | Chan Meditation Center (New York, USA) |
| | Tel: (718)592-6593 Fax: (718)592-0717 |

法鼓文化





國家圖書館出版品預行編目資料

淨土直說 / 靈源老和尚著. -- 初版. -- 臺北市 : 法鼓文化, 2013.11

面； 公分

ISBN 978-957-598-629-2（平裝）

1.淨土宗 2.佛教修持

226.55 102020679